역사공화국
한국사법정

논술 노트

③

교과서 속 역사 이야기, 법정에 서다

3

역사공화국 한국사법정

논술 노트

대한 제국에서 대한민국까지
• 41~60권 •

|주|자음과모음

차례

왜 박지원은 열하일기를 썼을까?

심환지 vs 박지원

　　조선 후기 성리학은 정치와 사회 및 백성들 생활의 기본적인 윤리로 작용했습니다. 그래서 성리학만 옳고 그 밖의 학문은 모두 그르다고 생각해 무시했지요. 한편 17세기 후반에 왜란과 호란을 겪은 조선에서는 성리학 중심의 사회에 대한 비판과 반성이 일기 시작했습니다. 이처럼 실용적이고 실증적인 학문에 대한 연구를 '실학'이라고 하지요. 하지만 박지원을 비롯한 실학자들이 제시한 다양한 방안은 당시 사대부들의 비판으로 정책에 적극적으로 반영되지 못했습니다. 이에 이 책에서 심환지는 실학은 '실천할 수 없는 비현실적인 학문'이라고 비판하며 박지원을 대상으로 소장을 제출했습니다. 심환지가 실학의 어떤 점을 비판했는지 알아보고, 조선 후기 실학이 등장하게 된 배경과 그 의의, 현대적 가치 등에 대해 살펴봅니다.

실학서당

원고 심환지

(1730년 ~ 1802년)
나는 조선 후기의 문신으로 영의정 자리에 올랐던 인물입니다. 노론계로 정조의 아버지인 사도세자의 죽음이 정당했다고 주장하는 벽파의 영수였지요. 실학자들의 노력은 가상하나 그들의 주장은 대개 허무맹랑하고 현실에 맞지 않은 것들 뿐이었지요.

피고 박지원

(1737 ~ 1805년)
나는 〈열하일기〉, 〈연암집〉, 〈허생전〉 등을 쓴 조선 후기 실학자 겸 소설가입니다. 이용후생의 실학을 강조하였으며 청나라 문물을 도입할 것을 주장하였지요. 당시 지배층은 가난한 조선의 백성들의 위한 아무런 해결책도 내어놓지 못하고 있었습니다. 정말 답답할 노릇이었지요.

왜란과 호란을 겪은 후, 17세기 후반 조선에서는 성리학에 대한 반성이 일기 시작했다. 청에서 전해진 고증학과 서양 과학 기술의 영향을 받으며 실질적이고 실용적 학문인 실학에 대한 탐구가 시작되었다.

중학교　역사(하)

I. 조선 사회의 변동
　5. 사회 개혁론의 대두

고등학교　한국사

VI. 민족 문화의 발달
　2. 실학의 발달 – 실학의 의의

실학은 자유로운 비판 정신을 바탕으로 학문을 연구하고, 그 성과를 실생활에 활용하려는 실사구시의 학문이었다. 그러나 실학자들은 대체로 일생을 학문에만 힘써 온 학자들로 정치와는 거리가 멀어 그들의 개혁안은 국가 정책에 적극적으로 반영되지 못했다.

실학의 등장과 발전

18세기 후반, 중국을 비롯한 동아시아 사회와 우리나라에서 성리학은 정치와 사회, 문화의 근본이 되는 원리로 통용되고 있었습니다. 특히, 조선에서는 학자는 물론이고 정치가들도 성리학만이 옳고 그 밖의 학문은 모두 그르다고 판단하여 불교는 물론이고 생활에 필요한 편리한 기술도 배척하고 억압하였습니다.

조선 후기, 양반 사회의 모순이 더욱 심화되고 임진왜란과 병자호란을 겪으면서, 조선에서는 성리학의 한계성을 자각하고 성리학 중심의 학문 활동에 대한 반성이 일어났습니다. 이에 일부 학자들 사이에서 이론과 형식에만 치우친 성리학을 비판하고, 현실 사회의 어려움을 해결하는 데 실질적인 도움이 될 수 있는 실용적이고 실증적인 학문을 탐구하려는 움직임이 나타나기 시작했지요.

정치·사회적으로는 붕당 정치가 파탄에 직면하면서 몇몇 가문이 정권을 독점하기에 이르렀고 많은 양반이 몰락하였습니다. 농업 기술의 발달로 농촌에서 부농이 생기는 한편, 농사지을 땅도 잃은 농민들은 더욱 가난해져 농촌을 떠나는 경우도 늘었습니다. 도시에서는 대상인이 등장하여 상공업을 지배하고 부를 축적한 반면, 영세 상인은 점차 몰락하는 등 여러 가지 사회적 모순이 드러나면서 사회 현실을 개혁하고자 실학이 서서히 등장하게 되었지요.

이러한 새로운 사회 문화 운동인 실학의 선구자는 이수광과 김육, 한백겸 등이었습니다. 이수광은『지봉유설』을 지어 우리나라를 비롯한 중국 문화에 대한 이해의 폭을 넓혔으며, 김육은 대동법을 확대 실시하고 동전을 사용하게 하는 데 힘썼습니다. 또한 한백겸은『동국지리지』를 지어 우리나라의 역사 지리를 치밀하게 고증하였습니다.

이후 실학은 농업 중심의 개혁론, 상공업 중심의 개혁론을 비롯하여 민생 안정과 부국강병을 목표로 폭넓게 확대되었으며, 18세기에 가장 활발히 발전하였습니다.

● **다음 제시문을 읽고 물음에 답하시오.**

(가) 그렇지만 이 마을에 와서 살 사람들은 여기서 생산되는 것만으로는 살 수 없다. 다른 마을 사람들도 그렇듯이 사람들은 서로 협동하고 살아야 한다. 그래서 아빠는 무공해 체험 마을을 만들었다. …(중략)… 공해가 없는 유전 공학이나 농산물 연구를 위해 지은 연구소는 학자들이 단지 학문을 연구하는 데만 만족하지 않고 그 연구의 결과가 사람들의 생활에 보탬이 되도록 하는 이용후생에 주요 목적을 둔 것이라고 한다.

– 『박지원이 들려주는 이용후생 이야기』중에서 –

(나) 실학은 제 1기(18세기 전반) 경세치용 학파, 제 2기(18세기 후반) 이

용후생 학파, 제 3기(19세기 전반) 실사구시 학파로 나뉘어요. 제 1기 경세치용 학파는 이익을 주류로 하여 토지 제도 및 행정기구와 기타 제도를 바꾸는 데에 노력한 학파에요. 이익은 청나라를 통해서 들어온 서구의 자연과학 및 가톨릭 사상을 비판적으로 받아들였어요. 게다가 천문, 지리, 역사, 제도, 풍속, 군사에 이르기까지 광범위한 문제를 다룬 『성호사설』을 써서 자신의 개혁론을 펼쳤어요.

제 2기 이용후생 학파는 상공업을 통해 발생하는 물건을 사람들에게 전달하거나 더 좋은 물건을 만드는 기술을 기르는 데에 힘써야 한다고 주장한 학파에요. 이용후생 학파는 박지원을 중심으로 하여 청나라의 앞선 기술과 문물을 직접 눈으로 보고, 이를 적극적으로 받아들이자는 북학을 주창하여 '북학파' 라고도 불렀어요.

제 3기 실사구시 학파는 경전의 내용을 밝히는 학파로서 이 책의 주인공인 김정희에 이르러 독자적인 체계를 이루었어요.

－『김정희가 들려주는 실사구시 이야기』중에서 －

1 제시문 (가)의 밑줄 내용과 제시문 (나)의 정보를 이용하여, 제시문 (가)의 아빠가 학문하는 이유에 대해 적어 보시오.

● 다음 제시문을 읽고 물음에 답하시오.

(가) 유형원의 균전론

　　토지는 천하의 큰 근본이다. 큰 근본이 확립되면 온갖 법도가 따라서 잘되어 하나라도 마땅하지 않은 것이 없다. 만일 큰 근본이 문란해지면, 온갖 법도가 따라서 문란해져 하나라도 마땅한 것이 없을 것이다. …(중략)… 무릇 백 보를 1무라 하고, 백 무를 1경이라 하고, 4경을 1전이라 한다. 농부 1명 당 농지 1경을 받게 하고 법규에 따라 세금을 받으며, 농지 4경 당 병사 1명을 내게 한다. 관리로서 관직에 있을 때는 9품 이상 7품까지는 6경 씩 주고, 품계가 높아질수록 1경 씩 더해 주어 정2품이면 12경을 주고 병역을 면제한다. …(중략)… 토지를 받은 자가 죽으면 토지를 국가에 반납하되, 자손이 물려받을 수 있는 자는 당연히 그 토지를 받고, 남은 토지는 타인이 받게 한다.

　　　　　　　　　　　　　　　　　　-유형원, 『반계수록』 중에서-

(나) 이익의 한전론

　　내가 일찍이 깊은 생각 끝에 한 방법을 얻었는데 …(중략)…우선 국가에서 한 집의 살림을 요량하는 것이 마땅하다. 전지 몇 마지기를 한정하여 한 호(戶)의 영업전으로 만들어 당의 조세 제도와 같이 한다. 많은 자의 것을 줄이거나 빼앗지 말고, 모자라는 자에게도 더 주지 않는다. 돈이 있어 사고자 하는 자는 천백 결이라도 다 허가하며, 전지가 많아 팔고자 하는 자도 역시 영업전 몇 마지기 이외에는 모두 허가한다. 과해도 팔기를 원하지 않는 자는 강요하지 말며, 모자라도 사지 못하는 자는 독촉하지 않는다. 오직 영업전 몇 마지기 이내에서 매매하는 자가 있으면 여러 곳을 살펴 산 자에게는 남의 영업전을 빼앗은 죄로 다스리고, 판 자에게도 역시 몰래 판 죄로 다스린다. 산 자에게는 산 값을 논하지 말고 전지를 되돌려 주도록 하며, 또 전주는 자신이 관아에 고하여 면죄한 다음 자기의 전지를 되찾도록 한다. …(중략)… 이와 같이 하면 균전의 제도도 점차 완성될 것이다. 빈호(貧戶)는 당장 살림이 다 없어지는 걱정을 면하게 될 것이니 참으로 좋아할 것이며, 부호(富戶)도 비록 파산을 했을망정 영업전은 그대로 있게 되니 뒷일을 걱정하는 부자 역시 좋아할 것이다. 이와 같이 하면 시행하기도 쉬울뿐더러 반드시 효과도 있을 것이다.

-이익,『성호집』중에서-

(다) 박지원의 한전론

　　오늘날 조상으로부터 물려받은 땅을 능히 지켜 타인에게 팔아먹지 않는 사람은 얼마 되지 않고, 매년 토지를 팔아먹는 사람이 열에 일곱 여덟 정도가 됩니다. 이로 보아 재산을 모아 토지 소유를 증대시켜 가는 자의 수효도 알 만합니다. 만약 "모년 모월 모일

이후 제한된 면적을 초과해 있는 자는 더 이상 소유할 수 없다. 이 법령이 시행되기 이전부터 소유한 것에 대해서는 불문에 붙이고, 자손에게 분배해 주는 것은 허락한다. 사실대로 고하지 않고 숨기거나 법령 공포 이후 제한을 넘어 토지를 소유한 사람은 백성이 적발하면 그 토지를 백성에게 주고, 관에서 적발하면 몰수한다"라고 법령을 세워 보십시오. 이렇게 한다면 수십 년이 못 가서 전국의 토지 소유는 균등하게 될 것입니다.

-박지원, 『연암집』 중에서-

(라) 정약용의 여전론

정약용은 『전론』에서 여전제를 주장한다. 여전제는 토지 소유의 불평등을 유발하는 토지 사유를 우선 부정한다. 토지의 국유화를 원칙으로 하고 30가구를 1여로 하여 공동으로 노동하고 공동으로 경작한다. 그리고 투입되는 노동력을 기준으로 생산물을 나눈다. 이러한 여전론은 실효를 거두게 하기 위해서 여내 농민의 자유로운 이동을 보장하고 그동안 관직에 나아가지 않으면서 농사도 짓지 않는, 즉 아무것도 하지 않았던 선비들에게 실생활에 필요한 직업으로의 전환을 유도하고자 했다. 여전론은 토지의 공동 소유와 공동 경작을 통해 평등 사회를 희망하였고 일하는 만큼 가져가는 상대적 평등을 실현하려는 의지의 표현이었다.

2 유형원의 균전론(均田論), 이익의 한전론(限田論), 정약용의 여전론(閭田論)과 정전론(井田論), 박지원의 한전론(限田論)은 각각의 실학자들이 주장한 토지 개혁론을 말한다. 다음 제시문을 읽고 당시 시대적 상황과 관련해 그 특징을 논술하시오.

제시문 (가)의 아빠는 연구소를 건설하고 무공해 체험 마을을 만들어서 사람들의 생활에 도움을 주고 있습니다. 자신이 오랫동안 연구해 온 학문을 책에만 담아 주는 것이 아니라 몸소 보여주는 좋은 사례라고 생각합니다. 조선시대 성리학자들은 실제 서민들의 생활과 동떨어지거나 당장 생계를 꾸려나가야 하는 사람들에게 뜬구름 잡은 이야기를 하는 것처럼 느껴집니다. 그러나 제시문 (가)와 (나)에 나와 있는 이용후생은 학문을 학문 자체로 놔두는 것이 아니라 사람들의 실생활에 이용할 수 있도록 만드는 학문을 해야 한다는 것입니다. 제시문 (가)의 아빠도 공부를 통해 얻은 지식을 실생활에서 이용하여 사람들의 삶을 윤택하게 만들고 있습니다.

유형원의 균전론은 사유의 토지를 국유제로 전환하는 것이다. 토지 국유제 하에 국가 권력으로 농민들에게 토지를 균등하게 나누어 준다. 그러나 문제는 사농공상의 신분에 따라 그 지급에 차등을 둔 것이다. 유형원은 토지의 균등한 분배를 통해 자영농을 육성하고 민생을 안정시키며 국가 재정의 확충을 꾀하였으나 그것은 너무 이상적인, 말 그대로 꿈에 불과했다. 본래 토지 개혁은 일하지 않는 양반이 토지를 소유하고 있는 것에 반대하여 땅을 농민에게 돌려주어 삶의 기반을 탄탄히 해 주자는 의미로 시작되었다. 그러나 사농공상의 차등은 이러한 기본 전제를 무시했으므로 설득력이 떨어진다.

이익은 토지 소유의 하한선을 규정하자는 한전론을 주장하였다. 한 집마다 영업전이라는 최소한의 토지를 남겨두어 소농민의 몰락을 방지하고자 했다. 그리고 현재 영업전보다 많이 가진 사람은 팔기만 하고 적게 가진 사람은 사기만 할 수 있기 때문에 결과적으로 토지 소유가 균등해질 것으로 전망하였다.

박지원은 토지 소유의 상한을 법으로 정하고, 상한 이상의 새로운 토지 매입은 엄금해야 한다고 주장하였다. 다만 이전에 사들인 토지가 상한선을 넘는 것은 인정하였고 그것이 수년이 흐르면 매매와 분할 상속을 통해 나라 안의 토지 소유가 균등하게 된다고 내다봤다. 박지원의 한전론은 점차적인 방법으로 토지 소유의 균등을 지향하고 있어 실현 가

능성이 높아 보인다. 그러나 상한선에 대한 구체적인 언급이 없다. 그리고 그 상한선에 따라 효과가 달라진다는 문제가 남는다. 즉 상한선이 높게 책정될 경우 소유의 분산에 아무런 영향을 미치지 못한다는 것이다.

정약용은 『전론』에서 마을 단위의 토지 공동 소유와 공동 경작, 공동 분배의 여전론을 제안하였다. 구체적으로 30호를 1여로 하여 토지를 공동으로 경작하여 생산에 차여한 노동량을 근거로 분배한다. 그런데 그 여에 속하는 양반들도 생산물을 가져가기 위해서는 일을 해야 한다. 그래서 여전론은 당시 조선 사회에서 받아들여지기는 힘들었다. 정약용은 다시 정전론을 제안하였다.

정약용의 정전론은 이미 중국에서 실시한 제도로 토지의 한 구역을 정(井)자로 9등분하여 8호의 농가가 경작하고 가운데 한 구역을 공동으로 경작하여 그 수확물을 국가에 바치는 제도이다. 그러나 현실적으로 인구의 수가 일정하지 않으며 산이 많고 고르지 못한 조선의 토지 특성상 시행하기에는 어려움이 있었다.

왜 금난전권이 폐지되었을까?

김시전 vs 박사상

"이 줄무늬들이 왜 모든 상품에 있는지 궁금했었는데 그게 2진법 표시였네요."

"편의점이나 마트에서 이 바코드 속에 담긴 정보를 스캔하면 지금 어느 상점에 어느 물건이 얼마나 있는지, 어느 물건이 더 필요한지 등을 즉시 알아낼 수 있겠어요."

"라이프니츠 선생님께서는 현대 생활에 없어서는 안 될 컴퓨터 등의 기본 원리를 생각해내셨군요. 처음에는 다소 허무맹랑하다고 생각했던 '이 세상에는 보편적으로 통하는 무엇인가가 있고, 그것으로 모든 것을 설명할 수 있다'라는 말씀이 얼마나 선구적인 생각인지 알 것 같아요."

"그런데 실제로 계산기를 발명하시기도 했다고 들었어요."

"학생이 그것까지 알고 있었네요. 내가 발명한 계산기에 대해 얘기하기 전에 일종의 수동식 계산기라고 할 수 있는 주판에 대해 좀 살펴볼까요?

주판은 10진법을 기본으로 하고, 보조적으로 5진법을 사용하고 있습니다. 각 줄은 1의 자리, 10의 자리, 100의 자리, …를 의미해요. 그리고 아래 칸과 위의 칸으로 분리되어 있지요. 각 줄의 아래 칸에는 주판알이 네 개, 위의 칸에는 한 개가 있어요. 1의 자리에서 아래 주판알 네 개는 4를 나타내고, 5가 되면 위 칸의 주판알

조선 후기 육의전과 시전상인이 상권을 독점하기 위해 정부와 결탁하여 난전을 금지할 수 있었던 권리를 '금난전권(禁亂廛權)'이라고 합니다. 그런데 이 금난전권으로 사상이나 보부상 등은 활동에 제약이 있을 수밖에 없었습니다. 자신들을 난전이라 규정하여 판매를 금지한 것이기 때문이니까요. 그런데 조선 정조 때 금난전권이 폐지되고 맙니다. 그래서 이 책에서는 시전 상인들을 대표한 김시전이 사상을 대표한 박사상에게 소송을 제기합니다. 금난전권이 폐지되고 상도덕이 엉망이 되었으며 시전 상인들의 생존권이 위협 당하였다는 것이 그 이유이지요. 이에 피고측은 금난전권이야말로 상업의 발전을 가로막고 시대의 흐름을 거스르는 낡은 제도라고 비판합니다. 조선 후기 상업을 주름 잡던 두 인물의 첨예한 대립이 이 책에서 펼쳐집니다.

원고 **김시전**

(가상의 인물)
나는 조선 후기의 상인으로, 어려서부터 부모님을 따라 종로의 시전에서 장사를 익혔습니다. 나는 시전 중 가장 규모가 큰 육의전을 물려받아 열심히 장사를 했지요. 그런데 사상들의 위협으로 가게 운영이 어려워졌습니다. 나는 우리의 생존권을 위협한 난전 상인에게 잘잘못을 물을 셈입니다.

피고 **박사상**

(가상의 인물)
나는 경강 상인으로, 사상들을 대표해 나왔습니다. 우리 사상들은 시전 상인들의 횡포 속에서도 꿋꿋하고 성실하게 장사를 한 것 밖에 없습니다. 그런 우리에게 죄를 묻다니 정말 귀가 막히고 코가 막힐 노릇입니다.

15세기 후반부터 등장한 장시는 서울 근교와 지방에서 농업 생산력이 점차 증가함에 따라 발전하였다. 조선은 농민이 농업을 버리고 상업에 몰릴 것을 염려해 장시의 발전을 억제하였으나 일부 장시는 정기 시장으로 정착해 갔다. 16세기 중엽에 이르러서 장시는 정기 시장으로 정착했으며, 전국적으로 확대되었다. 보부상들은 장시에서 농산물, 수공업 제품, 수산물, 약재 등을 판매하여 유통하기 시작했다.

중학교	역사(하)	I. 조선 사회의 변동 　4. 신분제의 변동 　6. 문화의 새로운 변화
고등학교	한국사	IV. 경제 구조와 경제 생활 　3. 근세의 경제 　4. 경제 상황의 변동

조선은 한양으로 천도하면서 종로 거리에 상점가를 만들고 상업 활동을 통제했다. 여기에서 장사하는 시전 상인은 왕실이나 관청에 물품을 공급하고, 점포세와 상세를 내는 대신에 특정 상품에 대한 독점 판매권을 부여받았다. 이들 시전 중에는 명주, 종이, 어물, 모시, 삼베, 무명을 파는 점포가 가장 번성하였는데, 후에 이를 육의전이라 했다.

17세기 말, 새롭게 변하는 조선

17세기 말, 조선은 정치, 경제, 사회에 있어 새로운 변화가 일어나고 있었습니다. 특히 경제 면에서 변화의 모습이 두드러졌는데 이는 조선 경제가 근대 경제로 넘어가는 준비 과정이었습니다. 서민들은 경제적 변화를 경험하면서 이에 대응하여 삶의 자세를 바꾸어 갔습니다. 농민들은 농작물의 생산력을 높이기 위하여 농기구를 발달시키고 시비법(논밭에 거름을 주는 방법)을 개량하는 등 새로운 영농 방법을 추구했고, 쌀 이외의 작물을 재배하여 소득을 늘리려 했습니다. 상업 활동에 적극적으로 참여하는 상인들이 늘었으며, 이들이 성장해 점차 대자본을 가진 상인들로 변모하였습니다. 민간에서는 농업 외에 수공업 생산도 활발해져 생산 활동을 주도해 나갔습니다. 이러한 과정에서 차츰 자본 축적이 이루어졌으며 지방의 상공업 활동도 활기를 띠어 상업 도시가 출현하고 상품의 유통도 활성화되었습니다. 그리고 당시 부세 및 소작료의 금

납화는 상품 화폐 경제를 더욱 촉진시켰으며 조선 후기 상업 활동의 중심인 공인과 사상의 활동도 활발해졌습니다. 그중에서도 처음에는 공인들이 상업 활동을 주도했으나 18세기 이후에는 사상들이 한양을 비롯한 각지에서 활발한 활동을 벌이며 상권을 확장해 나갔습니다. 조선 후기 사상의 성장은 이 시기에 전국적으로 발달한 장시를 기반으로 한 것으로, 장시는 지방민들의 교역 중심지로 보통 5일마다 열렸으며 18세기 중엽에는 전국에 1000여 개소가 만들어졌습니다. 한편 보부상은 농촌의 장시를 하나의 유통망으로 연계시켰으며 보부상단이라는 조합을 이루어 단결된 모습으로 활동했습니다.

● **다음 제시문을 읽고 물음에 답하시오.**

(가) 짚신에 감발 치고 패랭이 쓰고

　　꽁무니에 짚신 차고 이고 지고

　　이 장 저 장 뛰어가서

　　장돌뱅이 동무들 만나 반기며

　　이 소식 저 소식 묻고 듣고

　　목소리 높여 고래고래 지르며

　　비가 오나 눈이 오나 외쳐 가며

　　돌도부 장사하고 해 질 무렵

　　손잡고 인사하고 돌아서네.

　　다음 날 저 장에서 다시 보세.

　　　　　　　　– 이효석의 「메밀꽃 필 무렵」 중에서 –

(나) 행상들은 조선 팔도를 돌아다녀야 했고, 그래서 그들의 삶은 고달팠다. 험한 산을 몇 고개 넘다가 다치기도 하고 도적이나 맹수의 공격을 받기도 했다. 등에 진 봇짐이 무거워도 집으로 돌아갈 수는 없었다. 장이 열리는 곳으로 가서 물건을 팔아야 했기 때문이다. 그러던 행상들은 조선 초기부터 행상 단체를 만들었고, 보부상단을 조직하기도 했다. 물론 모든 행상들이 보부상단에 가입된 것은 아니었지만 이 행상들, 장돌뱅이들이야말로 조선 유통에 가장 넓게 퍼진 핏줄과 같은 존재였다. 왜냐하면 조선 시대 큰 도시에는 시전이 있었지만, 전국적으로는 그렇지 못한 곳이 많았기 때문이다. 그리고 지금처럼 교통이 발달하지 못했기 때문에 물건이 필요해도 구할 길이 막막했다. 이런 탓에 물건을 들고 여기저기 팔러 다니는 행상의 존재는 없어서는 안 될 귀중한 존재였던 것이다.

1 제시문 (가)는 어떤 인물의 이야기인지 글에서 찾아 쓰고, 그 인물이 처한 사회적 위치와 역할에 대해 제시문 (나)를 참고하여 논술하시오.

● **다음 제시문을 읽고 물음에 답하시오.**

(가) 안성장에는 과일이 많이 났습니다. 대추, 밤, 감, 배, 석류, 귤, 유
자 따위의 과일들이 전국에서 안성 장터로 모여 들어 쌓였습니다.
물건을 파는 상인과 물건을 사려는 사람들이 서로 가격을 흥정하
느라 떠들썩했습니다.

"이 사과 값 좀 깎아 주시오."

"아이고, 큰일 날 말씀입니다."

안성장을 둘러보던 허생은 빙그레 미소를 지었습니다. 그리고는
거래되는 물건의 양을 유심히 살폈습니다. 안성장은 경기와 호남
의 갈림길에 위치하여 여러 곳에서 나는 과일들이 모여드는 곳이
기도 했지요.

장터 가까운 곳에 제법 큰 도가가 허생의 눈에 띄었습니다. 도가란
같은 장사를 하는 상인들이 모여 계나 장사 등에 대해 의논하는 집
을 가리키지요. 도가 안으로 들어간 허생은 주인을 찾았습니다.

"어험, 주인 안 계시오?"

"네, 제가 주인인 윤씨라고 합니다."

"나는 한양에서 온 사람인데 오늘부터 과일이란 과일은 모두 거
두어 사 주시오."

"네? 모두 다 말씀입니까?"

"그렇소, 값은 상관없으니 모조리 다 사야 하오."

(나) 장안에서 과일이 사라지자 이번에는 과일 장수들이 허생을 찾아
왔습니다. 과일 값은 열 배 이상으로 팔려 나갔습니다. 한 달이 못
되어 곳간이 텅텅 비었습니다. 과일이 다 팔리고 허생의 손에는 10
만 냥이라는 돈이 들어왔습니다. 처음 과일을 사들일 때 사용한 돈
이 만 냥이었으니까 허생은 열 배 이상의 이익을 얻은 것입니다.

2 제시문 (가)와 (나)는 박지원의 「허생전」 중 일부입니다. 이와 같은 허생
의 행동에 대해 찬성하는 입장과 반대하는 입장 중 하나의 입장을 선택
해 그 입장을 지지하는 글을 쓰시오.

해답 1

　(가)는 '장돌뱅이 민요' 또는 '장돌뱅이 타령'이라고도 불리는 민요로
장돌뱅이들의 이야기를 담고 있습니다. 일반적으로 '장돌뱅이'란 말 그
대로 장을 도는 사람을 뜻하며, 행상을 가리키는 말이지요. 다른 말로는
'보부상'이라고도 하며 '보상'과 '부상'으로 나누기도 합니다. 보상은
보자기에 싸서 들거나 걸머지고 다니며 판매했고, 부상은 물건을 지게
에 얹어 등에 짊어지고 다니면서 판매했습니다. 이에 따라 보상을 '봇짐
장수', 부상을 '등짐장수'라고도 했지요.

　조선 시대에는 이 보부상, 즉 장돌뱅이들의 역할이 매우 중요했습니
다. 조선 시대에는 상설 점포가 많지 않았기 때문이지요. 날짜를 정해 놓
고 그 날짜에 장을 열고는 했습니다. 이것이 3일마다 여는 장이면 '3일
장', 5일마다 여는 장이면 '5일장'이라고 부릅니다. 그래서 장돌뱅이들
은 한곳에 머무르지 않고 시장이 열리는 곳을 찾아가서 물건을 팔고는

했습니다. 하는 일이 고달프고 힘들었기 때문에 사회적으로는 크게 인정을 받지 못했습니다. 하지만 이 장돌뱅이들이야말로 조선 시대 유통에서는 빠질 수 없는 아주 중요한 존재였답니다.

해답 2

제시문 (가)와 (나)는 연암 박지원의 「허생전」중 일부분입니다. 박지원은 이 이야기를 통해 상공업의 필요성을 말하고 허례허식의 불필요함을 말하고자 했습니다. (가)에서 허생은 도가의 주인에게 과일이라는 품목을 모조리 사들일 것을 주문했습니다. 이는 바로 '매점매석'에 관련된 내용인데요, 매점매석이란 물건값이 오를 것을 예상하고 물건을 많이 사두었다가 값이 오른 뒤 다시 파는 것을 말합니다. 이러한 방법으로 허생은 (나)에서 열 배나 많은 돈을 벌게 되었지요.

그런데 이러한 매점매석을 하게 되면 개인에게는 큰 이익이 될 수 있으나 사회적으로는 큰 문제가 아닐 수 없습니다. 첫째, 물건의 가격이 크게 오르게 됩니다. 허생에게 과일을 비싸게 사 간 사람들은 이 과일을 더 비싸게 팔 것이니까 말이죠. 둘째, 시장 경제의 약점을 드러내어 줍니다. 정부나 기관에서 계획하여 운용하는 경제가 아니라 자유로운 시장 경제의 경우 허생과 같은 사람이 또 나타나지 않으리라는 법은 없으니까요.

따라서 허생과 같은 매점매석의 행위는 옳지 않은 행위로 동기가 어떻든 간에 바람직하지 못한 일입니다.

왜 홍경래는 난을 일으켰을까?

김조순 vs 홍경래

　　19세기 초 조선은 외척 세력이 실권을 잡고 있어 부정부패가 극심했습니다. 나라의 위정자들이 자신의 사리사욕을 채우기에 급급해지자 당연히 백성들의 삶이 피폐해졌지요. 특히 전정, 군정, 환곡을 이르는 삼정의 문란으로 가난과 세금을 감당할 수 없게 된 농민들은 이러한 상황에 불만을 품고 저항하기 시작했습니다. 결국 다른 지역에 비해 차별받던 평안도민은 홍경래를 중심으로 함께 봉기하였고, 이는 훗날 전국 각지에서 크고 작은 민란이 발생하는데 도화선 역할을 하게 됩니다. 이 책은 당시 조선의 세도 정치의 기틀을 마련한 안동 김씨 가문의 김조순이 '홍경래의 난'에 대해 이의를 제기하면서 시작됩니다. 이 책을 통해 세도 정치가 백성들의 삶에 어떤 영향을 끼쳤는지, 평안도민은 왜 홍경래와 함께 봉기할 수밖에 없었는지 상세히 살펴볼 수 있을 것입니다.

원고 **김조순**

(1765년 ~ 1832년)
나는 순조 임금의 장인인 김조순입니다.
왕을 보필하며 왕권 강화에 힘썼습니다.
후대 사람들은 나로 인해 안동 김씨의 세
도 정치가 시작되었다고 말하고, '홍경래
의 난'도 일어났다고 말하는데 이건 정말
억울합니다. 나는 왕 옆에서 왕을 열심히
보필하였을 뿐입니다.

피고 **홍경래**

(1771년 ~ 1812년)
나는 평안도에서 일어난 '홍경래의 난'의
최고 지도자입니다. 세도가들의 폭정 속에
서 백성을 구할 초인이 나타날 거라는 게
당시 모든 백성들의 희망이었습니다. 그래
서 나는 봉기를 준비하였습니다. 잘못된
세상을 고쳐야 했으니까요.

19세기에 들어 세도 정치로 정치 기강은 문란해지고, 지배층의 비리와 수탈로 농민들의 삶은 더욱 피폐해졌다. 지배층과 농민들의 갈등이 심해지면서 사회 불안 요소는 커져만 갔고, 이러한 상황에서 기존의 질서를 바꿔 새로운 사회를 만들려는 농민들의 의식이 크게 성장했다.

중학교	역사(하)	I. 조선 사회의 변동 7. 세도 정치와 삼정의 문란 8. 농민 봉기의 전개
고등학교	한국사	III. 조선 사회의 변화와 서구 열강의 침략적 접근 3. 19세기 정치 질서의 문란과 사회 동요 (2) 농민 봉기가 확산되다

몰락 양반 홍경래를 중심으로 평안도 지역에서 지역 차별과 세도 정치에 저항하는 홍경래의 난이 일어났다. 영세 농민, 광산 노동자, 상인 세력 등이 합세한 홍경래 세력은 1000여 명의 병력으로 평안도 가산에서 봉기하여 한때 청천강 이북 지역을 점령하기도 했다.

세도 정치의 시작과 농민의 반란

정조의 뒤를 이어 왕이 된 것은 둘째 아들 순조였습니다. 하지만 왕위에 올랐을 때 순조의 나이는 고작 열한 살이었지요. 왕이 이렇게 어리니 혼자 정치를 할 수가 없었습니다. 그래서 왕실의 제일 높은 사람이었던 정순 왕후 김씨가 수렴청정을 했습니다. '수렴청정'이란 나이 어린 왕이 즉위했을 때 일정 기간 동안 왕대비나 대왕대비가 국정을 대리로 처리하던 일을 말합니다. 영조의 두 번째 왕비였던 정순 왕후는 육촌 오빠인 김관주를 이조참판에 오르게 하고, 자신과 친한 사람들을 정치의 주요 자리에 앉게 했습니다.

시간이 흘러 순조가 열다섯 살이 되자, 정순 왕후가 수렴청정을 거두고 순조가 직접 정치를 하게 되었지요. 이때 순조의 장인 김조순이 권력을 쥐게 됩니다. 안동 김씨인 김조순은 자신의 세력을 높은 자리에 앉히고 정권을 마음대로 흔들었답니다.

이러한 독재 정치를 '세도 정치'라고 하지요. 원래 '세도(世道)'란 '세상을 바르게 다스리는 도리'라는 뜻으로 중종 때 조광조와 같은 인물이 내세웠던 통치 원리를 말합니다. 하지만 홍국영이 정조를 대신해 권력을 휘두르자, '임금의 사랑을 받는 신하나 외척들의 독재 정치'를 일컫는 말인 세도(勢道)로 바뀌었지요.

이후 세도 정치의 폐해가 심해지자 과거 제도가 문란해지고, 벼슬을 사고파는 등 부정부패가 심해졌습니다. 당연히 백성들의 생활은 피폐할 대로 피폐해졌고 이에 불만을 품은 사람들이 생겨나기 시작했습니다.

급기야 1811년에 평안도에서 홍경래와 그 무리가 반란을 일으켰습니다. 10년간 민란을 준비한 홍경래의 깃발 아래 농민, 광산 일꾼 등 1000여 명이 모여서 봉기를 했습니다. 불과 10여 일 만에 그 일대를 장악하고 고을 수령들은 줄행랑을 치게 되었습니다. 하지만 홍경래가 이끄는 농민군은 정주성에서 벌인 관군과의 전투에서 패배함으로써 난은 실패로 돌아갔습니다. 그러나 홍경래의 난은 농민들이 전국 각지에서 크고 작은 민란을 일으키는 도화선 역할을 했습니다.

한 걸음 더! 역사 논술

〈역사공화국 한국사법정 43 왜 홍경래는 난을 일으켰을까?〉와 관련한 논술 문제를 풀어 봅시다.

● **다음 제시문을 읽고 물음에 답하시오.**

(가)

(나)

1 (가)는 김홍도의 〈타작도〉이고, (나)는 김득신의 〈반상도〉입니다. 이 두 그림에서 알 수 있는 조선 시대 계급 사회에 대해 구체적으로 적으시오.

● 다음 제시문을 읽고 물음에 답하시오.

(가) 임술년(1862년) 2월 19일, 진주민 수만 명이 머리에 흰 수건을 두르고 손에는 몽둥이를 들고 무리를 지어 진주 읍내에 모여 서리들의 가옥 수십 호를 불사르고 부수어 그 움직임이 결코 가볍지 않았다.

　　병사가 해산시키고자 장시에 나가니, 흰 수건을 두른 백성들이 그를 빙 둘러싸고는 백성들의 재물을 횡령한 조목, 아전들이 세금을 포탈하고 강제로 징수한 일들을 면전에서 여러 번 문책하는데, 그 능멸하고 핍박함이 조금도 거리낌이 없었다.

- 『임술록』 중에서 -

(나) 『정감록』은 우리나라 대표적인 예언서로 일컬어지고 있다. 왕조에 반대하며 현실을 부정하는 내용이 많아 읽지 말아야 할 책으로 지목되어 민간에서 은밀하게 전해졌다고 한다.

　　그리하여 1734년인 영조 10년에 조정의 관리들 사이에는 "서북 사람들이 정감 참위의 책을 서로 돌린다."고 하여 금지해야 한다는 논란이 일었다. 여기서 '정감 참위의 책'은 『정감록』을 가리키는 것으로 보아야 한다.

2 (가)와 (나)를 읽고, 19세기 조선 시대의 상황이 어떠했는지 미루어 짐작하여 적으시오.

해답 1

(가)는 가을날 추수를 한 뒤 바쁘게 일하고 있는 사람들의 모습입니다. 낱알을 떨어서 거두는 타작이 한창이기 때문이지요. 그런데 바쁘게 일하는 사람 가운데 유독 한가한 사람이 있습니다. 그림의 오른쪽 위에 비스듬히 누워 있는 사람이 바로 그 사람입니다. 도포를 걸치고 챙이 넓은 갓을 쓰고 곰방대까지 입에 물고 있습니다. 심지어 편안하게 신발은 벗어 두었고, 술병으로 보이는 병까지 구색을 갖추어 놓고 말입니다. 아마 양반이거나 양반의 심부름꾼으로 온 마름일 것입니다. 이때 마름은 지주로부터 소작지의 관리를 위임받은 사람을 가리키는데, 양반을 대신하는 인물이라고 할 수 있습니다.

반면, 여섯 명의 장정들은 열심히 일을 하고 있습니다. 볏짚을 지게로 나르기도 하고, 낱알을 털기도 하고, 낱알이 혹여 없어질세라 부지런히 쓸기도 하면서 말이지요. 열심히 일해서 더운지 옷의 앞섶은 풀어져 있고, 바지의 아랫단은 둥둥 걷어 올렸습니다. 버선에 도포까지 갖추어 입은 사람과는 대조를 이룹니다.

(나)의 그림에서 당나귀를 타고 있는 사람은 양반이고, 코가 바닥에 닿을 듯 절을 하고 있는 사람은 상민일 것입니다. 양반은 챙이 넓은 갓을 쓰고 종들과 함께 길을 가고 있으며, 상민은 대를 쪼개어 엮어 만든 패랭이를 쓰고 있습니다. 허리를 꼿꼿이 편 거만한 자세의 양반과 달리 상민은 고개조차 제대로 들지 못하고 있지요.

이렇게 자세와 옷차림에서 양반과 상민은 크게 차이가 났습니다. 조선 시대에는 반상의 구분, 즉 양반과 상민의 구분이 엄격했기 때문입니다. 그래서 상민은 양반의 옷차림을 해서는 안 되었으며 양반에게 부당한 대우를 받아도 싫은 내색을 할 수가 없었지요.

해답 2

(가)는 수만 명에 달하는 백성들이 민란을 일으킨 내용입니다. 그리고 (나)의 내용은 백성들이 은밀하게 왕조에 반대하며 현실을 부정하는 예언서를 읽고 있다는 내용이지요.

이렇게 백성들은 스스로 들고일어나거나 숨어서 당시 지배 계층을 부정하였습니다. 왜 그럴 수밖에 없었을까요? 그건 (가)의 '재물을 횡령한 조목, 아전들이 세금을 포탈하고 강제로 징수한 일'이라는 대목에서 찾을 수 있습니다. 백성들은 벼슬아치들이 재물을 횡령하고 아전들이 세금을 강제로 징수하였기 때문에 살 수가 없었습니다. 굶주린 백성들을 돌보는 벼슬아치가 아니라 죽음으로 내모는 벼슬아치가 판을 치는 세상이었기 때문입니다.

물론 그렇다고 불만을 가진 백성들 모두 몽둥이를 손에 들고 일어설 수는 없었습니다. 그래서 그렇지 못한 백성들은 당시 왕을 비판하고 왕조를 부정하기에 이르렀던 것입니다. 예언서를 보며 '그래, 지금의 왕조도 곧 무너지겠지? 그러면 좋은 세상이 올까나?' 하고 말입니다.

왜 천주교 박해가
일어났을까?

홍봉주 vs 흥선 대원군

    천주교는 17세기 중국을 통해 '서학(西學)'으로 조선에 처음 알려지게 된 이후 점차 서민층과 여성들 사이에서 널리 확장되게 되었습니다. 그런데 이렇게 천주교에 대해 관대하던 조선은 천주교가 조상에 대한 제사를 거부하자 천주교를 사교로 규정하고 탄압하기에 이르렀지요. 천주교는 유교의 제사 의식을 무시하고, 인간 평등을 주장했는데, 천주교의 이러한 교리가 조선의 근본적인 질서를 흔들 수 있다고 믿었기 때문입니다. 특히 흥선 대원군은 천주교를 탄압하며, 1866년부터 1872년까지 6년 동안 무려 8천여 명의 천주교인을 학살했습니다. 이 책에서는 순교자 홍봉주가 흥선 대원군을 상대로 소송을 제기합니다. 그리고 신유박해, 기해박해, 병오박해, 병인박해를 살펴보며 천주교 박해의 잘잘못을 다시 되새겨보고 있습니다.

원고 홍봉주

(1814년 ~ 1866년)
나는 토마스로, 신유박해 때의 순교자 낙민의 손자이며 기해박해 때 순교한 재영의 아들입니다. 어려서부터 천주교를 배웠고 서양 선교사들이 우리나라에 들어올 수 있도록 도왔지요. 베르뇌 주교와 함께 잡혀 순교하게 됩니다.

피고 흥선 대원군

(1820년 ~ 1898년)
나는 고종의 아버지로 본명은 이하응입니다. 어린 나이로 왕이 된 고종 대신 정치를 맡았지요. 천주교도를 박해하고 쇄국 정책을 고집하여 국제 관계를 악화시키고 외래 문명 흡수를 늦어지게 했다고들 하는데, 내가 그런데는 다 이유가 있었습니다.

중국을 통해 우리나라에 전해진 천주교는 처음에는 서양 학문의 한 부분으로 양반들에 의해 연구되었다. 처음에는 천주교에 대해 비교적 온건했던 흥선 대원군은 병인양요, 신미양요를 겪으면서, 조선 정부는 척화비를 세우는 등 서양과의 통상 수교를 반대하는 정책을 굳건히 하게 된다.

중학교	역사(하)	II. 근대 국가 수립 운동 　2. 문호 개방과 개화 정책의 추진
고등학교	한국사	VI. 민족 문화의 발달 　5. 근현대의 문화 　　(1) 근대 문물의 수용과 발전 　　　– 문예와 종교의 새 경향

근대 문화가 수용되면서 문학, 예술, 종교에도 새로운 경향이 나타났다. 신소설이 등장하고 외국 문학의 번역이 이루어졌으며, 오랫동안 박해를 받아 온 천주교도 자유롭게 선교 활동을 할 수 있게 되었다.

천주교의 전파와 발전

　우리나라에 천주교가 처음 알려진 것은 임진왜란을 전후해서입니다. 사신으로 여러 차례 명나라를 오가던 이수광이 천주교 교리서인『천주실의』,『중우론』등을 자신의 저서『지봉유설』에 소개하였지요. 하지만 조선에서는 건국 초부터 유교 즉, 성리학이 성행했습니다. '숭유억불책'이라 하여 유교는 숭상하고 불교는 억누르는 등 다른 종교나 학문에 대해 열려 있지 않았지요.

　이후 실학에 대한 관심이 높아지고 서양의 학문 즉 서학에 대한 관심이 커지면서 여러 실학자들이 천주교를 깊이 연구하게 되었습니다. 하지만 그때까지도 천주교는 학문의 일부였을 뿐 신앙으로서는 자리 잡지 못하였습니다.

　세도 정치하에서 삼정이 문란해지고 생활이 궁핍해지면서 사람들의 마음이 바뀌기 시작하였습니다. 사회적 불안이 커지자 정신적인 구원을 얻으려는 경향도 심화되었습니다. 사람들은『정감록』과 같은 예언서를 읽었고, 무속과 같은 민간 신앙에도 의지하였습니다. 그러다가 학자들이 서양 학문의 한 부분으로 연구하던 천주교를 신앙으로 수용하게 된 것입니다.

하지만 천주교를 믿는 사람이 늘면 늘수록 천주교의 앞길은 순탄하지 못했습니다. 천주교에 대한 대대적인 박해가 시작되었기 때문이지요.

유교에서 중요시하는 제사를 치르지 않으려고 한다거나 인간 평등을 주장한다는 것이 박해의 이유였습니다. 조선 사회에 뿌리 깊은 조상 숭배와 반상의 개념이 있었기 때문입니다. 또한 내세 사상을 전파하는 것도 유교적 가치관에 맞지 않는다는 이유로 천주교 박해의 구실이 되었습니다.

하지만 이러한 정부의 박해에도 불구하고 천주교는 서민과 여성을 중심으로 신도가 늘어 크게 확대되어 갔습니다.

천주교 교리서인 마테오 리치의『천주실의』

● **다음 제시문을 읽고 물음에 답하시오.**

(가) 길동이 칼을 던지고 엎드려 크게 아뢰기를,

　　"소인이 대감의 정기를 타고나 당당한 남자로 태어났사오나 아버지를 아버지라 부르지 못하고 형을 형이라 부르지 못합니다. 집안의 종들까지 다 저를 천하게 보고 친척과 사귐이 오래된 친구도 저를 천생이라 이르오니, 이런 원통한 일이 어디에 있사오리까?"

　　하고는 대성통곡하니, 대감이 가엾게 여기시나 만일 그 마음을 위로하면 이 일로 방자해질까 꾸짖어 말하기를,

　　"재상의 천비 소생이 너뿐 아니거늘 자못 방자한 마음을 두지 마라. 이번 일 이후에 다시 그런 말을 한다면 용서하지 못하리라."

　　하시니, 길동은 눈물을 흘릴 뿐이라.

－『홍길동전』중에서

(나) 하늘에 계신 우리 아버지

아버지의 이름이 거룩히 빛나시며

아버지의 나라가 오시며

아버지의 뜻이 하늘에서와 같이

땅에서도 이루어지소서.

오늘 저희에게 일용할 양식을 주시고

저희에게 잘못한 이를 저희가 용서하오니

저희 죄를 용서하시고

저희를 유혹에 빠지지 않게 하시고

악에서 구하소서.

- 「주님의 기도」

1 (가)와 (나)에 밑줄 그은 '아버지'가 서로 같은지 다른지 쓰고, 여기서 '아버지'는 누구를 가리키는지 쓰시오.

● **다음 제시문을 읽고 물음에 답하시오.**

(가) 중국에 있던 프랑스 함대 사령관 로즈는 흥선 대원군이 프랑스 선교사 아홉 명과 천주교도 수천 명을 학살하였다는 사실을 알고 1866년 함대를 이끌고 강화도로 쳐들어왔습니다. 프랑스 군대는 강화도에서 20여 일간 머물며 백성에게 행패를 부리기도 했습니다. 또한 강화도에서 철수할 때는 은괴 19상자와 외규장각에 보관하고 있던 의궤 191종 등 도서 359점을 빼앗아 군함에 실었습니다.

(나) 1866년 7월에 평양의 대동강에 들어와 통상을 요구하던 미국 상선 제너럴셔먼호가 불타는 사건이 일어났습니다. 미국은 이 사건을 계기로 무력에 의한 강제 통상을 계획하게 됩니다. 그리하여 1867년 미국은 슈펠트 중령으로 하여금 군함을 이끌고 조선의 황해도 연안을 수색하게 하였고, 1871년에는 미국 군함이 강화도에 침입하기에 이릅니다.

2 (가)와 (나)의 시대 상황 속에서 흥선 대원군은 "서양 오랑캐가 침범하였을 때 그들과 싸우지 않으면 화해하는 것이요, 화해를 주장하는 것은 나라를 파는 것이다"라고 말하며 나라의 문을 단단히 걸었습니다. 여러분이 흥선 대원군의 입장이라면 어떤 선택을 하였을지 (가)와 (나)의 내용을 참고하여 쓰시오.

논술
해답

해답 1

　(가)와 (나)의 '아버지'는 서로 다른 존재를 가리킵니다. 먼저 (가)는 허균이 쓴 『홍길동전』입니다. 홍 판서와 노비인 춘섬 사이에서 태어나 늘 천대를 받고 자라는 길동이 주인공입니다. 길동은 영특한 재주에 학식이 뛰어나 바람을 부르는 법과 둔갑술을 알고 있었습니다. 그러나 집 안 사람들의 멸시를 참지 못하여 집을 뛰쳐나와 도적들의 괴수가 되어 활빈당을 조직하지요. 그리고 각 지방의 탐관오리들이 부정한 방법으로 모은 재물을 빼앗아 가난한 양민을 돕습니다. 조정의 회유로 부득이 병조판서까지 되나, 마침내는 가상의 나라인 율도국에 정착해 이상적인 왕국을 건설한다는 이야기이지요. (가)는 서자로 태어난 탓에 천대를 받는 길동이 홍 판서에게 눈물로 하소연하는 장면으로, 여기서 '아버지'는 길동의 아버지인 '홍 판서'를 가리킵니다.

　반면 (나)는 「주님의 기도」 즉 「주기도문」으로 하느님께 바치는 기도

문입니다. 따라서 (나)의 아버지는 '주님' 즉 '하느님'을 가리킨다고 볼 수 있습니다. 천주교 신자들은 자신을 낳아 준 아버지 외에도 하느님 아버지가 계신다고 생각했습니다. 이러한 생각은 유교 사상을 근간으로 하는 조선 시대에는 배척받을 만한 것이었답니다.

해답 2

(가)는 고종 3년인 1866년 흥선 대원군의 천주교 탄압에 대한 보복으로 프랑스 군이 침입한 사건으로 '병인양요'라고 합니다. 그리고 (나)는 고종 8년인 1871년 미국 함대가 조선에 통상 조약을 체결할 것을 강요하기 위해 강화도를 침략한 사건인 신미양요와 관련된 내용입니다.

이 두 사건에 대해 흥선 대원군은 강경한 태도를 보이며 협상이나 화해를 하지 말고 배척하고 막아 낼 것을 지시합니다. 이러한 흥선 대원군의 태도는 자주적이고 의지가 굳건하다고 평가될 수 있습니다. 하지만 유연하지 못하였기에 그 피해 또한 작지 않았습니다. 외규장각에 보관했던 중요한 자료와 서책을 다른 나라에 빼앗겼으며, 많은 사람들이 목숨을 잃고 고통을 받아야 했지요.

따라서 만약 내가 흥선 대원군의 입장이라면 지나치게 나의 뜻을 펴는 데 급급하지 않고 유연하게 대처할 것입니다. 외국과의 작은 통상을 허용하여 외세의 반발은 피하면서 나라 안으로는 힘을 키워 외세에 흔들리지 않도록 내실을 다질 것입니다.

45

왜 흥선 대원군은
쇄국 정책을 펼쳤을까?

박규수 vs 흥선 대원군

　　19세기 조선은 안으로는 세도 정치의 폐단과 밖으로는 서구 열강의 제국주의적 탐욕으로 혼란을 겪던 시기였습니다. 이때 집권한 흥선 대원군은 세도 정치로 인해 바닥에 떨어진 왕권을 회복하고자 중앙집권적인 정치 질서를 세우는데 주력했습니다. 또한 대외적으로는 쇄국 정책을 펼칩니다. 제국주의 서구 열강의 통상 요구가 침략으로 이어질 것이라고 생각했기 때문이지요. 이러한 일로 이 책에서 흥선 대원군은 개화사상가인 박규수에게 고소를 당합니다. 그 이유는 바로 흥선 대원군의 쇄국 정책으로 조선이 개화의 흐름에 대비하지 못하고 일본에게 나라를 빼앗기게 되었다는 것이지요. 당시 조선을 강한 나라로 세우고자 했던 마음은 서로 같았지만 방법이 달랐던 박규수와 흥선 대원군의 이야기가 이 책 안에서 펼쳐집니다.

원고 **박규수**

(1807년 ~ 1876년)
나는 조선 후기의 개화사상가인 박규수입니다. 연암 박지원의 손자로 청나라 사신으로 다녀온 뒤 국제 정세에 눈을 뜨고 견문을 넓힐 수 있었지요. 문호를 개방하는 것은 당시 조선에게 매우 필요한 일이라 생각했지만 흥선 대원군이 고집을 피웠습니다.

피고 **흥선 대원군**

(1820년 ~ 1898년)
나는 고종의 아버지로 본명은 이하응입니다. 어린 나이로 왕이 된 고종 대신 정치를 맡았지요. 오랜 세월 안동 김씨의 세도 정치로 피폐해진 나라를 바로 세우는 것이 가장 중요하다고 생각하였습니다. 쇄국 정책을 편 것도 나라를 굳건히 지키기 위한 나의 정책의 일부였을 뿐이지요.

10년간 집권하던 흥선 대원군이 물러나면서 조선의 정권은 민씨 세력이 장악하게 되었다. 이 당시 새로운 국가 체제를 확립한 일본이 조선에 통상을 강요하기 위해 운요호 사건을 일으켰다.

흥선 대원군은 왕권을 강화하여 정치 질서를 재정비하고자 안동 김씨 가문을 몰아냈다. 또한 능력 있는 인재를 골고루 등용했고, 통치 체제를 정비하는 등 개혁 정책을 실시했다.

일본은 근대화를 위해 대외 침략을 시작했고, 무력으로 조선의 문호를 개방시키려고 했다. 운요호 사건을 구실로 군함을 이끌고 온 일본 대표단은 강화도에 상륙하여 개항을 강요했다. 이에 조선은 많은 유생들의 반대를 무릅쓰고 일본과 강화도 조약을 체결했다.

19세기 말, 세계 속의 조선

　19세기 말, 세계는 큰 변화를 겪게 됩니다. 제2차 산업 혁명을 거쳐 19
세기 말에는 통신, 전기, 화학 공업이 급속도로 발달하게 되었기 때문이
지요. 더불어 많은 물건이 만들어지고 또 소비되면서 자본주의가 고도
로 성장하게 됩니다. 이렇게 자본주의가 발달함에 따라 선진 자본주의
국가들은 상품의 원료를 얻고, 상품을 팔고, 자본을 투자할 새로운 시장
이 필요하게 됩니다. 그래서 무력을 사용해서라도 약소국을 지배하고자
하는 경향이 뚜렷해졌지요. 이것을 '제국주의'라고 하는데, 영국과 독
일, 포르투갈 등 유럽 여러 나라들이 해외에 자국의 식민지를 만들기 위
해 경쟁적으로 뻗어 나가게 됩니다.

　이 강대국들 중 영국은 아프리카에서 종단 정책을 추진하여 수에즈
운하에서 남쪽의 케이프타운을 연결하는 지역에 영향력을 갖게 됩니다.
반면 프랑스는 알제리를 거점으로 횡단 정책을 추진하여 동쪽의 마다가

스카르 섬까지 세력을 뻗지요. 이러한 강대국들의 힘 다툼 속에 조선이 속한 아시아도 예외는 아니었습니다. 영국이 인도를 침략하고, 프랑스가 인도차이나를 침략하고, 네덜란드가 인도네시아를 침략하는 등, 강대국의 세계 분할 경쟁은 끝이 없었어요.

이웃 나라인 일본은 네덜란드로부터 서구 문물을 받아들이다 19세기 후반 메이지 유신으로 근대화에 성공하게 됩니다. 일본에서는 조선을 정벌하자는 '정한론'이 일게 되지요. 또 다른 이웃 나라였던 청나라는 영국과 벌인 아편 전쟁에서 패해 불평등한 난징 조약을 맺게 됩니다. 강한 줄 알았던 청나라가 무너지자 조선은 큰 충격을 받게 됩니다.

이러한 상황에서 조선에서는 열두 살이던 고종이 즉위했으며 그의 아버지 흥선 대원군이 섭정을 펼칩니다. 흥선 대원군은 부정부패를 일삼은 안동 김씨 세력을 몰아내고 유명무실해진 의정부의 기능을 정상화시키는 등 여러 가지 개혁 정책을 펴게 됩니다. 개혁 정책과 함께 쇄국 정책을 펼치는데, 그 결과 병인양요와 신미양요를 겪게 되지요. 두 차례의 양요를 겪으면서 조선 내부에서도 움직임이 생기기 시작했습니다. 서구 열강과 제국주의 일본의 침략에 대응해 '서구 문물을 받아들이지 말자'는 주장과, '서구 문물을 받아들이고 부국강병을 통해 근대 국가를 건설하자'는 두 가지 주장으로 나뉘게 됩니다.

● **다음 제시문을 읽고 물음에 답하시오.**

(가) 자유 무역 협정은 'free trade agreement'라는 영문 첫 글자를 따서
'FTA'로 약칭합니다. 국가 간 상품의 자유로운 이동을 위해 모든
무역 장벽을 제거하는 협정으로, 무역 자유화를 실현하기 위해 양
국 간 또는 지역 사이에 체결하는 특혜 무역 협정을 가리킵니다.
2002년, 세계무역기구인 WTO 회원국 가운데 거의 모든 국가가
1개 이상의 FTA를 체결했으며, 효력을 유지하고 있는 협정만도
148개에 달했습니다. 한국은 1998년 11월 대외경제조정위원회에
서 FTA 체결을 추진하기 시작하였지요. 한국-칠레 FTA가 2004
년에 한국 최초로 발효된 것을 시작으로 2006년에는 한국-싱가
포르 FTA와, 한국-유럽자유무역연합(EFTA) FTA를 발표하였습

니다. 그 뒤로도 2007년 한국-ASEAN(동남아시아국가연합) FTA 상품무역협정 등 9개국에 대한 발효가 완료되었습니다. 이후에도 FTA가 전 세계적으로 확산되는 것에 발맞추어 한국의 FTA도 계속 진행되고 있습니다.

(나) "洋夷侵犯 非戰則和 主和賣國(서양 오랑캐가 침입하는데, 싸우지 않으면 화친하자는 것이니, 화친을 주장함은 나라를 파는 것이다), 戒我萬年子孫 丙寅作 辛未立(우리의 만대 자손에게 경계하노라. 병인년에 짓고 신미년에 세우다)."

1 (가)는 FTA에 관한 내용이고, (나)는 흥선 대원군의 척화비에 실린 내용입니다. 흥선 대원군의 입장에서 당시 조선에서 FTA를 받아들일 경우 생길 문제점에 대해 써 보시오.

● 다음 제시문을 읽고 물음에 답하시오.

(가) 청나라는 본래 허가된 항구 외에는 무역을 금지하는 정책을 실시하고 있었습니다. 그러던 차에 영국에서 청나라의 차가 매우 인기가 있어 청나라로 막대한 양의 은이 흘러들어 가게 됩니다. 이에 영국은 인도에서 수입한 아편을 청나라에 몰래 팔아 차 수입보다 많은 이익을 남겼지요. 청나라에 아편 중독자가 급속하게 늘어나게 되자, 청나라의 임칙서가 영국 상인으로부터 아편을 빼앗는 일이 발생합니다. 이 일로 영국이 전쟁을 일으키는데, 이것이 바로 1840년의 아편 전쟁이지요. 전쟁에서 승리한 영국은 청나라에 조약을 체결할 것을 요구합니다. 이것이 바로 1842년의 난징 조약입니다. 이 조약으로 청나라는 홍콩을 영국에 넘겨주고 5개의 항구를 추가로 열어야 했습니다.

(나) 1853년에 미국의 페리 제독이 일본을 찾게 됩니다. 개국을 요구하는 미국 대통령의 편지를 들고 말이지요. 페리 제독은 다음 해까지 개항할 것을 요구했고, 이듬해인 1854년에는 '미일 화친 조약'을 체결하도록 강요하였습니다. 일본 내에서는 개국을 반대하는 목소리가 높았지만 개국을 막을 수는 없어서, 2개의 항구를 개항하고 미국 영사관을 설치하였습니다. 1858년에는 미국의 강요로 불평등 조약인 '미일 수호 통상 조약'을 체결하고, 이후 네덜란

드, 러시아, 영국, 프랑스 등과 불평등 조약을 맺게 됩니다.

(다) 조선은 프랑스와 미국의 침략에 나라의 문을 굳게 닫아걸고 강력한 쇄국 정책을 펼치고 있었습니다. 척화비를 세우고 천주교를 박해하는 등 흥선 대원군의 쇄국의 의지는 아주 높았지요. 하지만 흥선 대원군이 물러난 뒤 권력을 장악한 민씨 세력은 나라의 문을 열게 됩니다. 강화도 조약에 따라 3개의 항구를 열게 됨으로써 조선은 본의 아니게 개항을 하게 됩니다.

2 (가)는 청나라의 개항 과정이고, (나)와 (다)는 각각 일본과 조선의 개항 과정입니다. 동아시아 3개국의 개항 과정을 보고, 당시 세계정세 속에서 어떤 선택을 하는 것이 바람직한지 써 보시오.

논술
해답

　보통 외국과 물건을 사고팔 때는 '관세'라는 것이 붙습니다. 품질이 우수한 외국의 카메라를 수입할 때 원래 가격이 10만 원이라면, 관세를 4만 원 붙여서 14만 원에 들여오는 것이지요. 그러면 우리나라에서 이 카메라의 판매가는 14만 원 이상이 될 수밖에 없습니다. 그런데 우리나라 카메라가 12만 원 정도라면 사람들은 고민을 하게 됩니다. 가격이 저렴한 우리나라 카메라를 살 것인가, 품질이 조금 나은 외국의 카메라를 살 것인가 하고 말이지요.

　그런데 'FTA'라 함은 관세 장벽 없이 상품을 사고팔 수 있게 되는 것을 말합니다. 외국의 카메라가 10만 원에 수입될 수 있다는 말입니다. 그러면 12만 원에 판매되던 우리나라 카메라는 경쟁력을 잃게 됩니다. 사람들은 가격도 저렴하고 품질도 상대적으로 우수한 외국의 카메라를 구입하게 되지요. 이런 일이 반복되면 우리나라 카메라 업체는 물건이 팔리지 않아 개발에 비용을 들이지 못하고, 경쟁력은 점점 떨어질 수밖에 없습니다.

홍선 대원군이 집권했던 조선 시대에는 외국과의 통상이 전혀 준비되어 있지 않았습니다. 때문에 외국의 값싸고 좋은 물건들이 조선에 들어오면 큰 문제가 아닐 수 없었지요. 그래서 쉽사리 문을 열 수가 없었습니다. 몸집이 작은 어린아이가 성인을 상대로 권투 시합을 할 수는 없는 것처럼 말입니다. 밥을 많이 먹고 운동을 열심히 하면서 준비해서 권투 시합을 할 수 있기까지는 시간이 필요합니다. 따라서 당시 조선에서 FTA를 받아들인다면 아주 큰 문제가 발생할 것입니다. 외국의 공장에서 대량생산해 낸 농기구는 가격이 저렴할 터이니, 조선의 수공업자들이 하나하나 손으로 만든 농기구는 팔리지 않을 것입니다. 따라서 조선의 수공업자들은 생업을 잃게 되지요. 그리고 외국의 값싼 농산물이 들어오게 되면 조선의 농산물이 팔리지 않아 농부들도 생업을 잃게 될 것입니다. 이렇게 백성들을 도탄에 빠뜨리지 않으려면 준비가 된 다음에 FTA를 하는 것이 옳습니다. 그래야 조선의 경제도 무너뜨리지 않고 외국과 자유롭게 통상도 할 수 있으니까요.

해답 2

서양의 열강들이 동아시아의 나라 중 처음으로 침략의 손길을 뻗은 곳은 청나라였습니다. 당시 동아시아에서 가장 큰 자리를 차지하고 있던 청나라는 아편 전쟁에서 패하여 굴욕적으로 문호를 개방하게 되지요. 이러한 청나라의 개항은 조선의 개항보다 무려 30년도 더 전에 일어난 일입니다.

조선은 세도 정치 때문에 나라가 어지럽고 백성들의 생활은 힘들기만 했습니다. 따라서 세계정세를 객관적으로 관찰할 수 있는 눈도 부족했지요. 청나라와 일본이 굴욕적으로 문호를 개방하는 것을 지켜보면서 나라의 빗장만 걸어 잠그고 있었습니다. 조선은 프랑스와 미국의 침략으로 강화도가 점령당하고 흥선 대원군의 아버지인 남연군의 묘가 도굴당하는 수모를 겪으면서도 굴복하지 않았지요.

그러나 조선이 나라의 문을 닫아걸고 서양 문호를 거부하고 있을 때, 일본은 메이지 유신을 통하여 놀라운 발전을 이루어 나갔습니다. 이 때문에 불과 20년 전에 굴욕적으로 문호를 개방당했던 일본이 조선의 문호를 개방하게 하는 위치에 서게 되지요. 조선의 위정자가 세계정세의 흐름상 쇄국 정책만 고수하는 것이 능사가 아니라는 생각을 했다면, 1866년에 프랑스가 조선에 와서 통상할 것을 요구했을 때 막무가내로 거부하지는 않았을 것입니다. 만약 그랬다면 일본과 불평등 조약을 체결하지도 않았겠지요.

왜 동학 농민 운동이 일어났을까?

최제우 vs 서헌순

　왜란과 호란을 겪은 조선 후기는 매우 혼란한 시기였습니다. 때문에 그 동안의 통치 이념이었던 성리학을 반성하자는 목소리도 나왔고, 새로운 학문인 실학도 대두되었지요. 하지만 조선 정부는 이를 받아들이려하지 않았고 사회적 불안과 백성들의 고통은 커져만 갔습니다. 이에 천주교, 동학과 같은 새로운 사상이 많이 등장했습니다. 이 중 동학은 몰락한 양반 가문 출신인 최제우에 의하여 창시되었는데, 현실 정치에 불만을 품은 농민들로 하여금 큰 지지를 얻었습니다. 하지만 조선의 성리학적 질서가 흔들릴 것을 염려한 정부는 동학을 탄압하고 최제우를 사형에 처했지요. 이에 이 책에서 최제우는 자신을 처형했던 서헌순에게 소송을 제기합니다. 그리고 조선 후기의 사회가 얼마나 병들어 있었는지, 동학이 왜 생겨날 수밖에 없었는지 성토합니다.

등장인물

소개

원고 최제우

(1824년 ~ 1864년)

나는 어려서부터 한학을 익힌 뒤 각지를 유랑하며 당시 조선이 안고 있었던 문제를 직접 보게 됩니다. 그래서 동학을 창시하게 되었지요. 내 이름 '제우'는 어리석은 중생을 구제한다는 뜻으로 스스로 지은 이름입니다. 나는 혼란한 사회를 바로 잡고 백성들을 구제하고 싶었지요.

피고 서헌순

(1801년 ~ 1868년)

나는 〈헌종실록〉 편찬에 참여한 조선 후기의 문신입니다. 경상도관찰사가 되어 동학 교조인 최제우를 붙잡아 처벌하였지요. 정사를 다스리는데 청렴결백하다는 후손의 평가처럼 최제우를 처벌한 것도 마땅한 나의 일이었을 뿐입니다.

사회가 혼란하고 민심이 불안한 와중에 경주 지방에서 최제우가 동학을 창시하였다. 동학은 어지러운 사회를 바로잡고 어려운 민중의 생활을 구하려는 정신으로 시작되었다.

중학교	역사(하)
고등학교	한국사

II. 근대 국가 수립 운동
  4. 동학 농민 운동

III. 조선 사회의 변화와 서구 열강의 침략적 접근
  2. 제국주의의 팽창과 아시아 침략
    3) 서구 열강의 아시아 침략과 각국의 대응
  3. 19세기 정치 질서의 문란과 사회 동요
    3) 새롭게 등장하는 사상

선진 자본주의 국가들이 군사력을 동원하여 약소 국가들을 식민지로 점령하는 것을 제국주의라고 한다. 서구 열강의 제국주의 정책으로 아프리카와 아시아 지역은 대부분 제국주의 열강의 식민지가 되었고, 우리나라도 침략의 위협을 받게 되었다.

천주교(서학)를 배격한다는 의미에서 이름 붙여진 동학은 1860년 최제우에 의해 창시되어 농민들에게 큰 환영을 받으며 빠르게 확산되었다. 인내천 사상을 내세워 인간의 존엄과 평등을 강조한 것이 특징이다.

조선 후기 동학의 움직임

세도 정치와 관리들의 부정부패로 인해 조선 후기 백성들의 삶은 점점 피폐해져 갔습니다. 하지만 나라에서는 이러한 백성들의 고통을 덜어 주지 못하고 있었지요. 당시 조선의 종교는 유교, 불교, 도교 그리고 들어온 지 얼마 안 되는 천주교 등이 있었는데, 생활이 팍팍한 백성들에게는 어느 것 하나 삶의 위안이 되는 것이 없었답니다.

몰락한 양반 가문에서 태어난 최제우는 스물한 살 때부터 10여 년 동안 전국을 떠돌아다니게 됩니다. 그러면서 백성들이 얼마나 힘들게 살고 있는지 직접 겪고 보게 되지요. 그리하여 최제우는 백성들을 구하고 세상을 바로잡기 위한 동학을 세우게 됩니다. 당시 조선 시대 나라의 근간이었던 유교는 양반과 상민을 구분하고, 남자와 여자를 구분하였지요. 하지만 최제우가 세운 동학에서는 '너도 나도 모두 평등한 세상'을 말합니다. 그러다 보니 자연스레 잘못된 조선의 정치와 어려운 백성들의 문제들을 비판하게 됩니다.

이렇게 현실 문제를 비판하고 평등을 주장하는 동학을 나라에서는 곱게 볼 수가 없었습니다. 모든 사람이 평등하고 존중되어야 한다는 것은 당시 집권층에서 볼 때는 천부당만부당한 말이었기 때문이지요. 조선 정부는 당시 외국에서 들어온 천주교와 마찬가지로 백성들을 속이고 사회를 어지럽힌다고만 생각했습니다. 결국 나라에서는 동학을 탄압하기 시작했고, 동학을 일으킨 최제우는 처형당하고 맙니다. 그게 1864년의 일입니다.

하지만 이런 탄압에도 동학은 쓰러지지 않았습니다. 나라의 계속되는 박해 속에서도 동학의 2대 교조인 최시형이 사람들에게 동학을 알리기 위해 노력하며 포교 활동을 폈기 때문입니다. 동학의 교리를 적은 경전인 『동경대전』을 펴내는가 하면, 글을 모르는 백성들도 동학의 교리를 쉽게 접할 수 있게 이야기와 대중가요 등으로 정리한 『용담유사』를 펴냅니다. 그리고 동학을 정당한 종교로 인정해 줄 것을 조선 정부에 요구하게 됩니다. 이런 동학의 움직임은 당시 백성들에게 신선한 충격을 주었고, 새로운 세상을 꿈꾸게 하는 원동력이 되었지요.

● **다음 제시문을 읽고 물음에 답하시오.**

(가) 새야 새야 파랑새야

　　새야 새야 (ㄱ)파랑새야 (ㄴ)녹두 밭에 앉지 마라.

　　녹두 꽃이 떨어지면 (ㄷ)청포 장수 울고 간다.

　　새야 새야 파랑새야 녹두 밭에 앉은 새야.

　　녹두 꽃이 떨어지면 부지깽이 매맞는다.

　　새야 새야 파랑새야 녹두 밭에 앉은 새야.

　　아버지의 넋 새보오 엄마 죽은 넋이외다.

(나) 1854년 전북 고창군 죽림리 당촌 마을에서 태어난 전봉준은 아버지 전창혁이 민란의 주모자로 처형된 뒤부터 사회 개혁에 대한 큰 뜻을 품게 되었습니다. 서른 살 즈음에 동학에 입교하여 고부 접주로 임명되고, 접의 힘을 키워 나갔지요. 일본의 침략 행위가 노골적으로 바뀌자 이에 분노한 전봉준은 12만 병력을 지휘하여 당시 북도 접주였던 손병희의 10만 농민군과 연합하여 봉기를 합니다. 당시 전봉준은 작은 몸집에도 야무지고 강한 것이 '녹두'와 같다고 하여 '녹두장군'이라고 불리었지요. 전봉준은 항일 구국의 깃발을 높이 들어 항쟁의 규모를 확대시켜 나갔지만 관군과 일본군의 반격으로 패배를 거듭했으며 공주에서 크게 패하였습니다. 이후, 피신하여 다시 궐기하기 위해 모의하던 중 붙잡혀 사형을 당하였습니다.

1 (가)는 당시 백성들의 입에서 입으로 전해지던 〈새야 새야 파랑새야〉라는 노래이고, (나)는 전봉준의 한 생애를 짧게 서술한 것입니다. (나)를 바탕으로 ㉠~㉢이 의미하는 바가 각각 무엇인지 쓰시오.

● **다음 제시문을 읽고 물음에 답하시오.**

(가) 농민 전쟁이 시작되기 전에도 이미 농민들의 분노와 원성은 하늘을 찌를 듯했습니다. 특히 전라도 고부군에 부임한 조병갑은 농민들을 괴롭혔지요. 조병갑은 농민들에게 억지로 저수지를 짓게 한 다음 물값을 비싸게 받았습니다. 저수지를 만드는 공사에 참여하면 세금을 면해 주겠다고 약속하고서는 오히려 세금을 물린 것입니다.

그뿐만 아니라 여러 죄명을 씌워 벌금을 걷고, 자신의 아버지의 비석을 만든다며 돈을 빼앗기도 했습니다. 갖은 핑계로 세금을 걷어서 자기 주머니를 채우는 것도 모자라, 죄 없는 사람을 잡아다가 가두어 두고 돈을 주면 풀어 준다고 협박하기를 일삼았습니다. 이에 격분한 농민은 2회에 걸쳐 군수에서 잘못을 고쳐 줄 것을 아뢰었습니다. 하지만 오히려 항의를 한 사람들을 체포하고 벌을 주었습니다.

(나) 조병갑의 만행이 고부 봉기의 도화선이 되었습니다. 전봉준은 농민들을 말목장터로 모아 고부 관아로 달려갔습니다. 두 패로 나누어 고부 관아를 습격한 농민들은 크게 힘을 들이지 않고 관아를 점령하게 됩니다.

2 (가)는 당시 전라도 고부의 군수였던 조병갑의 행태를 적은 것이고, (나)는 고부 관아를 공격해 조병갑을 몰아낸 농민군의 움직임을 적은 것입니다. '폭력은 어떠한 경우에도 정당화되어서는 안 된다'는 견해와 '정의를 위해서는 폭력을 사용할 수도 있다'는 견해 중 하나를 선택하여 자신의 입장을 쓰시오.

해답 1

(가)는 지방마다 불리는 노랫말이 조금씩 다르기는 하지만, 앞부분의 '새야 새야 파랑새야 녹두 밭에 앉지 마라. / 녹두 꽃이 떨어지면 청포 장수 울고 간다'는 동일한 양상을 보입니다. 이 중 ㉠은 녹두 꽃이 떨어지게 만드는 인물로 전봉준이 이끄는 동학 농민군을 무력으로 진압한 일본군으로 보는 것이 바람직합니다. 동학 농민 운동이 일어난 1894년에 일본군이 푸른색 군복을 입어 파랑새와 그 유사점을 찾을 수 있습니다. 그리고 ㉡은 전봉준이 녹두장군이라 불리었던 점을 보아 녹두 밭은 전봉준을 상징한다고 볼 수 있습니다. 파랑새에 의해서 떨어질 수 있는 녹두 꽃이라는 점을 생각하면, 처형을 당한 전봉준을 떠올릴 수 있지요. 마지막으로 ㉢의 청포 장수는 백성을 상징하는 것으로 보아야 합니다. 여기서 '청포'는 녹두로 쑨 묵인 녹두묵을 일컫는 말이므로, 녹두가 떨어지는 것을 누구보다 안타까워하는 사람입니다. 따라서 녹두장군인 전

봉준을 보호하고, 녹두를 떨어뜨리는 파랑새를 쫓으려고 하지요.

폭력을 폭력으로 맞대응하는 것은 옳지 않습니다. 자칫 더 큰 폭력이 되거나 더 큰 화가 되기도 하기 때문입니다. 하지만 '농민은 2회에 걸쳐 군수에서 잘못을 고쳐 줄 것을 아뢰었'음에도 이를 고치지 않고 농민을 수탈한 죄는 가히 작지 않다고 할 수 있습니다. 또한 당시 조병갑의 만행이 수많은 백성에게 큰 고통을 주었다는 점을 생각하면 농민군이 관아를 습격한 것은 단순한 무력 행사라고만 볼 수는 없습니다. 생존이 위협을 받고, 자존이 흔들릴 때는 스스로 자신을 지킬 수밖에 없기 때문입니다.

이런 마음은 농민 봉기를 일으킨 전봉준도 같았습니다. 전봉준이 사로잡혀 심문을 당할 때 주고받은 말을 살펴보면 이를 잘 알 수 있습니다.

심문자: 관아를 부수고 민병을 일으켜 죄 없는 양민을 죽게 한 것이 난이 아니고 무엇인가?

전봉준: 일어난 것은 난이 아니라 백성의 원성이다. 민병을 일으킨 것은 기울어져 가는 나라를 구하고자 함이요, 백성의 삶에서 폭력을 제거코자 했을 따름이다.

심문자: 너도 기포의 허락을 최법헌(최시형)으로부터 받았는가?

전봉준: 진리를 펴는 데 무슨 허락이 필요한가? 충의란 본심이다. 그대 발등에 불이 떨어졌는데 그대는 그것을 허락을 받고 치우겠는가?

왜 강화도 조약은
불평등 조약일까?

신헌 vs 구로다 기요타카

　　일본은 왕정복고를 이룩하는 메이지 유신 이후 근대화의 필
요성을 느끼게 됩니다. 그래서 군함인 운요호를 앞세워 조선의
해안에 발을 딛지요. 일본이 조선의 해안을 마음대로 측량하고
총탄을 쏘는 만행을 저지르자 조선군은 포를 발사합니다. 일본
은 이를 빌미로 강화도 조약을 맺게 되지요. 조선에 절대적으
로 불리했던 이 조약으로 일본은 조선에 대한 경제적 침탈의 발
판을 마련하게 됩니다. 때문에 이 책에서는 당시 강화도 조약의
조선 측 협상 대표였던 신헌이 원고가 되어 일본 측 협상 대표
였던 구로다 기요타카를 고소합니다. 강화도 조약이 불평등 조
약이었다는 원고의 주장에 따라 이 책에서는 일본은 왜 강화도
조약을 맺으려 했는지, 강화도 조약은 어떻게 맺어지게 되었는
지 그 면면을 자세히 살펴봅니다.

원고 **신헌**

(1810년 ~ 1884년)
나는 조선 후기의 무신이자 군사전략가로
활약하였습니다. 형조, 병조, 공조 판서를
역임하였고, 병인양요 때는 강화도를 수비
하였지요. 1875년에 일본 군함이 강화도
바다를 불법적으로 점거하고 수교 통상을
요구하자 일본과 협상을 벌여 조선 개항에
중요한 임무를 수행하였습니다.

피고 **구로다 기요타카**

(1840년 ~ 1900년)
나는 일본의 제2대 내각총리대신이자 무
관이었으므니다. 1875년 운요호 사건이
일어나자 특명전권변리대신이 되어 1876
년에 조선과 강화도 조약을 체결하였스므
니다. 그런데 이제 와서 강화도 조약이 불
평등 조약이었다고 하니 참 말도 안되는
일이라 생각하므니다.

10년간 집권했던 흥선 대원군이 물러나게 되자, 민 왕후를 중심으로 한 민씨 세력이 권력을 잡는다. 이러한 상황 속에서 일본은 조선에 교섭할 것을 계속 요구하고, 통상을 강요하기 위하여 1875년에는 운요호 사건을 일으키게 된다.

강화도에 군함을 보내온 일본의 행동을 지극히 야만적이라고 생각한 조선은 대화 자체를 거부한다. 반면, 일본과 통상을 하여 서양의 문물을 받아들이자는 주장도 있었다. 이러한 상황 속에서 1876년 맺은 조약이 바로 강화도 조약이다.

중학교	역사(하)	II. 근대 국가 수립 운동
		  1. 흥선 대원군의 개혁 정치
		  2. 문호 개방과 개화 정책의 추진

고등학교	한국사	IV. 동아시아의 변화와 조선의 근대 개혁 운동
		  2. 개항의 불평등 조약 체제
		    2) 강화도 조약을 체결하다

강화도 조약은 우리가 외국과 맺은 최초의 근대적 조약이지만, 불평등한 조약으로서 일본의 조선 침략의 발판이 된다. 일본의 정치, 경제, 군사적 침략 의도가 내포되어 있었기 때문이다.

일본의 개항, 조선의 개항

우리의 이웃나라인 일본은 16세기에 처음으로 기독교를 접하게 됩니다. 바로 내항한 포르투갈인과 에스파냐인을 통해서였지요. 이때 유럽의 화약과 총도 처음으로 받아들이게 됩니다. 하지만 일본도 개항에 처음부터 호의적이었던 것은 아닙니다. 특히 17세기에 성립한 에도 막부는 쇄국 정책을 실시하였습니다. 자신의 정권을 안정시키고 대외 무역을 독점하기 위해서 말입니다. 당연히 서양의 문화인 기독교도 금지하였지요. 하지만 이때 네덜란드 상인은 내항하는 것을 허락해 주었습니다. 기독교를 전파하는 선교 활동을 하지 않았기 때문에 에도 막부에서 그들까지 막지는 않은 것입니다. 이렇게 일본에서 무역 활동을 시작하게 된 네덜란드는 일본에 많은 서양 문물을 전해 주었고, 일본은 네덜란드를 통해 서양 문물을 받아들이며 '난학'이라는 새로운 학풍을 형성합니다.

이러한 와중에 일본은 미국과 1854년에 '미일 화친 조약'을 맺게 되고, 다른 서양 열강들과도 차례차례 불평등 조약을 맺게 됩니다. 열강과의 여러 차례의 전쟁에서 서양 세력의 강함과 그들 무기의 우수함을 알게 되었기 때문이지요. 이후 일본은 에도 막부가 무너지고 천황 중심의 신정부를 수립하게 됩니다. 새로이 들어선 정부는 일본을 근대 국가로 바꾸기 위해 개혁을 추진하고, 적극적으로 서양의 문물을 받아들여 근대화를 추진해 나갑니다.

　일본의 이러한 변화는 조선의 개항에 큰 영향을 미치게 됩니다. 왜냐하면 메이지 유신 이후 일본 정부 내에서 조선을 정벌하자는 '정한론'이 제기되었기 때문입니다. 안으로 힘이 커져 가자 대외적으로 뻗어 나가고자 하는 힘이 커지게 된 것이지요. 일본 내부에서도 많은 반발이 있었지만, 결국은 조선으로 눈을 돌리게 됩니다. 여기에는 메이지 유신에 대한 국내의 불만을 밖으로 돌리고자 했던 측면도 적지 않았습니다. 결국 일본은 운요호 사건을 일으켜 조선을 개항시키고 조선을 수탈할 구실을 만들게 됩니다.

한 걸음 더! 역사 논술

〈역사공화국 한국사법정 47 왜 강화도 조약은 불평등 조약일까?〉와 관련한 논술 문제를 풀어 봅시다.

● **다음 제시문을 읽고 물음에 답하시오.**

(가) 쇄국 정책을 고수하던 일본은 미국의 강요로 개항을 하게 됩니다. 당시 미국과 맺은 조약은 불평등 조약이었고, 이후 여러 열강들과도 불평등한 조약을 차례차례 맺게 되지요. 이러한 상황이 되자 일본 국민들은 정부를 불신하게 되고, 새로이 메이지 정부가 들어서게 됩니다. 새로운 정부의 개혁 아래 일본은 근대 국가로 변모하게 되지요.

　　새로운 개혁은 많은 변화를 주었지만, 과중한 세금 제도 등으로 국민들은 조금씩 불만이 생기게 됩니다. 이런 와중에 조선을 침략하자는 '정한론'이 대두됩니다. 조선을 차지하면 일본은 대륙으로 진출하기 용이하고 일본 내부에서 생긴 불만들을 밖으로 돌릴 수 있다는 이점이 있었기 때문입니다.

김홍집

(나) 1880년 수신사 자격으로 일본에 다녀온 김홍집은 일본에서 『조선책략』을 가지고 왔습니다. 이 책을 쓴 황준헌은 청나라의 외교관이었지요. 그가 쓴 책의 내용은 다음과 같습니다.

"조선이라는 땅덩어리는 실로 아시아의 요충을 차지하고 있어 그 형세가 반드시 다툼을 불러오는 것이나 조선이 위태로우면 중동의 형세도 위급해진다. 따라서 러시아가 강토를 공략하려 한다면 반드시 조선이 첫 번째 대상이 될 것이다. 러시아를 막을 수 있는 조선의 책략은 무엇인가? 오직 청나라와 친하고 일본과 맺고 미국과 연합함으로써 자강을 도모하는 길뿐이다."

1 (가)는 강화도 조약 당시 일본의 정세에 관한 내용이고, (나)는 『조선책략』이라는 책에 담긴 내용입니다. (가)와 (나)를 읽고 당시 조선이 처한 상황에 대해 쓰시오.

- -

- -

● **다음 제시문을 읽고 물음에 답하시오.**

(가) • 5개 항구에서 통상을 허용한다.

　　• 홍콩을 영국에 할양한다.

　　• 공행을 폐지하고 자유롭게 통상한다.

　　　　　　　　　　　　　　　　　　　　　－ 난징 조약 －

　　• 영국의 영사 재판권을 인정한다.

　　• 청나라는 영국의 최혜국 대우를 인정한다.

　　　　　　　　　　　　　　　　　　　　　－ 후면 추가 조약 －

(나) • 미국 선박에 연료 및 식량을 공급한다.

　　• 2개 항구의 개항과 역사의 주재를 인정한다.

　　• 미국의 최혜국 대우를 인정한다.

　　　　　　　　　　　　　　　　　　　　　－ 미일 화친 조약

　　• 5개 항을 개항하고 에도, 오사카의 시장을 개방한다.

　　• 일본의 관세를 상호 협의하여 결정한다.

　　• 미국의 영사 재판권을 인정한다.

　　　　　　　　　　　　　　　　　　　　　－ 미일 수호 통상 조약 －

(다) • 조선은 자주국이며 일본과는 평등한 권리를 가진다.

　　• 부산 초량에 일본 공관을 두어 무역 사무를 처리하게 하고 일

본인이 왕래 통상하게 한다.

- 부산 외에 경기, 충청, 전라, 경상, 함경 5도의 연해 중 통상에 편리한 항구 2개를 개항한다.
- 일본 항해자가 자유로이 해안을 측량하고 지도를 제작하도록 허용한다.
- 양국 인민이 무역을 하는 데 있어 양국의 관리는 조금도 관여하지 못하며 제한·금지하지 못한다.
- 일본인이 조선의 개항장에서 죄를 범한 경우에는 일본 관헌이, 조선인이 죄를 범한 것은 조선 관헌이 심판한다.

                           - 강화도 조약 -

2 (가)는 청나라와 영국이 맺은 난징 조약과 후먼 추가 조약이고, (나)는 일본이 미국과 맺은 미일 화친 조약과 미일 수호 통상 조약입니다. (다)의 강화도 조약과 어떤 점이 같은지 서술하시오.

해답 1

(가)는 운요호 사건을 일으켜 강화도 조약을 맺을 당시의 일본의 상황을 나타내는 글로, 이 글을 보면 일본에서 조선을 치자는 '정한론'이 대두되었음을 알 수 있습니다. 또한 (나)를 보면 당시 조선 주위의 나라들이 조선에 크게 관심을 두고 있었음을 알 수 있지요. 러시아, 청나라, 일본, 미국 등 여러 나라들이 서로 세력이 커지는 것을 견제하고 있었기 때문입니다. 특히 러시아의 세력이 커지는 것을 두려워해 조선을 자신의 영향력 아래 두려는 청나라의 속셈이 고스란히 담겨 있습니다.

사람이 혼자서는 살 수 없는 것처럼 국제 사회에서 나라도 주위의 여러 나라들과 다양한 관계를 맺고 있습니다. 특히 조선처럼 군사적 요충지에 위치한 나라일 경우에는 자의이건 아니건 간에 많은 영향을 받을 수밖에 없지요. 대륙으로 진출하고자 한 일본의 입장에서는 가장 첫 번째로 손아귀에 넣어야 할 나라가 조선이었을 것이며, 해양으로 뻗어 나가고자 한 러시아의 입장에서도 역시 가장 필요한 나라가 조선이었을 것입니다. 청나라 역시 조선이 일본이나 러시아 중 한 나라의 수중에 들어가면 불편한 상황이었지요. 때문에 세계 여러 나라들이 조선의 행보에 큰 관심을 갖고 있었습니다.

해답 2

(가)는 1842년에 체결된 난징 조약과 이듬해에 체결된 후먼 추가 조약으로, 아편 전쟁에서 패배한 청나라가 영국과 맺은 불평등 조약입니다. 또한 (나)는 1854년에 일본과 미국이 맺은 미일 화친 조약과 1858년에 맺은 미일 수호 통상 조약이지요. (다)는 운요호 사건을 계기로 1876년에 맺은 강화도 조약입니다.

청나라, 일본, 조선이 다른 나라와 처음으로 맺은 통상 조약이라는 공통점이 있는 이 조약들은 이외에도 여러 가지 공통점이 있습니다. 먼저 항구를 개항한다는 점이 같습니다. 난징 조약을 통해 청나라는 영국에 5개의 항구를 개항해야 했고, 일본은 미일 화친 조약과 미일 수호 통상 조약을 통해 항구와 시장을 열어야 했지요. 마찬가지로 조선도 일본에 항구를 개항하여 통상을 허락하게 됩니다. 그리고 각 나라의 재판권이 아닌 다른 나라의 재판권을 인정한다는 내용이 조약에 들어 있는 것이 공통점입니다. 이는 조선에서 일본인이 큰 죄를 지어도 조선의 법으로는

벌을 줄 수 없다는 것을 의미하지요. 불평등한 조약임을 단적으로 드러
내는 부분이라 하겠습니다.

왜 갑신정변은
삼일천하로 끝났을까?

김옥균 vs 민영익

　　조선 말기, 조선의 지식인들은 청과 우호 관계를 유지하며 점
진적인 개혁을 추구했던 온건 개화파와 일본의 문명 개화론에
영향을 받은 급진 개화파로 나누어졌습니다. 특히 민씨 정권의
중심인물인 민영익은 보수적으로 변해 급진 개화파의 김옥균과
대립하게 되었지요. 그러던 중 급진 개화파가 일본의 군사적 지
원을 받아 갑신정변을 일으키게 됩니다. 하지만 삼일천하로 끝
이 나지요. 이에 이 책에서 김옥균은 친일파라는 오명을 썼다며
억울함을 호소합니다. 하지만 원고인 민영익은 급진 개화파들
이 일본의 침략의도를 제대로 간파하지 못했다며 갑신정변의
실패를 당연하다고 얘기합니다. 갑신정변이 조선에 어떤 영향
을 미쳤는지 살펴보며 김옥균과 민영익 중 누구의 주장이 맞는
지 이 책에서 자세히 살펴볼 수 있습니다.

원고 김옥균

(1851년 ~ 1894년)
나는 조선 후기의 정치가로 갑신정변을 주도한 인물입니다. 개화사상가인 박규수를 만나 그의 영향을 받게 되었으며, 일본의 힘을 빌려 조선의 개혁을 꾀할 결심을 하게 됩니다. 그러나 갑신정변은 삼일천하로 끝나고 말지요.

피고 민영익

(1860년 ~ 1914년)
나는 개화당 일파로 일본에 머물며 신진개화문물을 견학하였습니다. 뿐만 아니라 중국, 미국도 방문하여 선진 문물을 접하였지요. 하지만 귀국 후에는 고급 관료직을 맡아 개화파를 압박하는 입장이 되었습니다. 정치를 하는데 한쪽 입장만 선택할 수는 없었기 때문입니다.

외국과 맺은 최초의 근대적 조약인 강화도 조약 후 조선은 개화 정책을 추진하였다. 이때 적극적으로 개화를 펼치자고 주장한 사람들이 있었는데, 이들을 '개화파'라고 한다. 개화파 세력은 새 정부를 구성하고 개혁 정치를 추진하려고 마음먹게 된다.

급진 개화파는 적극적이지 못한 개혁에 불만을 품고 정변을 일으켜 개화당 정부를 수립한 뒤, 국가 체제의 개혁을 모색하고 자유로운 상업의 발전을 도모하고자 하였다.

갑신정변의 시작

강화도 조약을 맺은 이후 근대화를 위한 조선의 노력은 계속되었습니다. 개화 정책을 추진하기 위해 '통리기무아문'이라는 특별 기구를 설치하기도 하고, 일본이나 청나라의 문물을 배우기 위해 관리들을 보내기도 했지요. 또한 서양 세력으로부터 나라를 지키기 위해 별기군을 만들기도 했습니다. 별기군은 우리나라 최초의 근대식 군대로 일본에서 들여온 소총으로 무장을 하고 일본인 교관에게 훈련을 받았습니다. 이렇게 별기군이 생기며 구식 군인들의 일자리가 줄자 구식 군인들은 크게 불만을 갖게 됩니다. 결국 차별 대우로 불만이 쌓인 구식 군인들이 들고 일어나지요. 무기고를 습격하여 무기를 구하고 민씨 세력들의 집을 습격한 이 사건이 바로 '임오군란'입니다. 구식 군인을 진정시키기 위해 흥선 대원군이 조정으로 복귀하지만, 이것도 잠시, 조선 땅에 들어온 청나라 군대에 의해 청나라로 유배 생활을 떠나게 됩니다.

이렇게 파란만장했던 임오군란 이후, 조선에서 청나라의 입김은 점점 세어져 갔습니다. 하지만 일본 역시 만만치 않았지요. 이렇게 청나라와 일본의 틈바구니에 낀 조선의 조정에서는 선진 문물을 받아들여 나라의 힘을 키워야 한다는 개화파의 주장이 점점 강해지고 있었습니다.

당시 개화파의 주장도 크게 두 가지로 나뉘었습니다. 바로 온건 개화파와 급진 개화파인데, 온건 개화파는 청나라의 양무운동을 본받아 나라 고유의 정신과 문화를 지키면서 차근차근 신식 문물을 받아들이자고 했습니다. 하지만 급진 개화파는 일본의 메이지 유신을 본받아 빠르게 근대화를 이루자고 주장했지요. 우리나라 고유의 전통보다는 나라가 힘을 갖는 게 중요하다고 생각했기 때문입니다. 그래서 급진 개화파는 개화당을 만들고 혁명을 통해서라도 새로운 정부를 세워 정치의 주도권을 잡기로 결정하였고, 우정총국 개국 축하 현장에서 민씨 세력을 몰아내고 새로운 정부를 세우는 거사를 치르기로 합니다. 마침 청나라 군대가 베트남에서 프랑스와 전쟁을 하느라 많이 조선을 떠났기 때문에 이날을 적기라고 판단했던 것이지요. 이렇게 갑신정변은 시작되었습니다.

● **다음 제시문을 읽고 물음에 답하시오.**

(가) 만약에 군주의 전제권을 견고히 하려면 국민을 어리석게 해야
하는데, 국민이 어리석고 약해지면 나라도 함께 약해지는 것입니
다. 진실로 나라를 부강하게 하여 서양과 맞서려면 군권을 줄여
국민에게 응분의 자유를 누리게 하고 보국의 책임을 다하게 해야
합니다.

– 박영효가 고종에게 건의한 글 –

(나) 서양의 종교는 사교이므로 마땅히 음탕한 음악이나 미색처럼 여
겨서 멀리해야겠지만, 서양의 기계는 이로워서 진실로 이용후생
할 수 있으니 농업과 양잠, 의약, 병기, 배, 수레 같은 것을 제조하

는 데 무엇을 꺼려하며 하지 않겠는가? 그들의 종교는 배척하고 기계를 본받는 것은 진실로 병행해도 사리에 어그러지지 않는다. …… 참으로 안으로 정교(政敎)를 닦고 밖으로 이웃과 수호를 맺어 우리나라의 예의를 지키면서 부강한 각 나라들과 대등하게 하여 너희 사민들과 함께 태평성세를 누릴 수 있다면 어찌 아름답지 않겠는가?

– 임오군란 후 김윤식이 기초한 교서 –

1 (가)와 (나)를 읽고, 각각 온건 개화파와 급진 개화파 중 어느 쪽 의견인지 쓰고, (가)와 (나)의 공통점과 차이점에 대해 써 보시오.

● **다음 제시문을 읽고 물음에 답하시오.**

1. 청나라에 잡혀간 흥선 대원군을 속히 귀국시키며 종래 청나라에 대해 행하던 조공의 허례를 폐지한다.

2. 문벌을 폐지하고 인민 평등권을 제정하여 능력에 따라 관리를 임명한다.

3. 지조법을 개혁하여 관리의 부정을 막고 백성을 보호하며 국가 재정을 넉넉히 한다.

4. 내시부를 없애고, 그중 우수한 인재는 등용한다.

5. 탐관오리 중에서 그 죄가 심한 자는 처벌한다.

6. 각 도의 환상을 영구히 받지 않는다.

7. 규장각을 폐지한다.

8. 급히 순사를 두어 도둑을 방지한다.

9. 혜상공국을 혁파한다.

10. 귀양살이를 하는 자와 옥에 갇힌 자는 그 정상을 참작하여 적당히 형을 감한다.

11. 4영을 합하여 1영으로 하되, 영 중에서 장정을 선발하여 근위대를 설치한다.

12. 모든 재정은 호조에서 관할한다.

13. 대신과 참찬은 의정부에 모여 정령을 의결하고 반포한다.

14. 의정부와 6조 외에 필요 없는 관청을 없앤다.

- 혁신 정강 14개조 -

2 제시문은 갑신정변 당시 개화당이 내세운 혁신 정강 14개조입니다. 혁신 정강의 내용을 정치, 경제, 사회, 군사의 네 항목으로 각각 나누어 보고, 이러한 정강을 통해 개화당이 이루고자 한 것이 무엇이었는지 유추하여 써 보시오.

해답 1

　(가)는 급진 개화파인 박영효의 글로 나라의 힘을 강하게 하려면 국민이 강해져야 한다고 말하고 있습니다. 그래서 그 방법으로 군권 즉 정부의 힘을 줄여야 한다고 역설하고 있지요. 여기서 정부의 힘이란 나라의 힘, 즉 왕의 힘을 가리킨다고 보아도 무방할 것입니다. 이렇게 왕의 힘의 약화를 주장하는 것은 급진적인 생각으로 당시 메이지 유신으로 급진적인 근대화를 이룬 일본의 영향을 받았다고 볼 수 있습니다.

　(나)는 온건 개화파인 김윤식의 글로, 서양의 종교는 멀리하더라도 이로운 서양의 기계는 받아들여야 한다는 입장입니다. 서양의 기술과 제도에 대해서는 호감을 표현하지만, 그것을 받아들이기 위해서 우리 문화를 잃어서는 안 된다고 말하고 있습니다. 이는 청나라의 양무운동과 맥락을 같이하는 것으로 청나라의 영향을 받았다고 볼 수 있지요.

　이렇게 (가)와 (나)는 서양의 기술과 제도를 받아들이자는 입장은 공통된 반면, 그것을 받아들이는 데 있어서는 상반된 입장을 보입니다. (가)는 군권을 줄여서 국민의 힘을 키우고 나라를 부강하게 해야 한다고 주장하는 근대화를 선택한 반면, (나)는 정교를 닦고 예의를 지키며 외국의 것을 받아들여야 태평성세를 누릴 수 있다고 주장하고 있습니다.

해답 2

14개조의 정강 중에서 흥선 대원군을 귀국시키고 문벌을 폐지하자는 내용은 정치에 해당합니다. 또한 조선 시대에 궁중 안의 식사 감독과 왕명을 전달하는 일을 하던 내시부를 없애고, 조선 후기 왕실의 학문 연구 기관이자 왕실 도서관인 규장각을 폐지하는 것은 왕을 보좌하는 기관을 없애 그 권력을 줄이려는 것으로 정치 분야에 해당하는 조항입니다. 그리고 의정부에 모여 여러 안건을 의결하는 것과 필요 없는 관청을 없애는 것 역시 정치 분야의 일이지요. 따라서 1조, 2조, 4조, 7조, 13조, 14조는 혁신 정강 중 정치 분야에 해당하는 조항이라 할 수 있습니다.

한편, 토지와 관련하여 세금을 매기는 전근대의 조세 제도를 지조법이라고 하는데, 지조법을 개혁하는 것, 환곡을 받지 않는 것, 재정에 관련된 것 등은 경제 분야에 해당하지요. 또한 보부상을 보호하기 위해 설치한 기관인 혜상공국에 관한 조항도 경제 분야로 봐야 합니다. 그러므로 3조, 6조, 9조, 12조의 조항은 경제 분야에 해당합니다. 그리고 탐관오리를 처벌하고 도둑을 방지하고 형을 감하는 것 등은 민심과 관련된 것으로 사회 분야, 근위대를 설치하는 것은 군사 분야에 해당한다고 할 수 있습니다.

개화당의 목표는 이러한 혁신 정강에 기초하여 나라의 근대화를 이루는 것이었습니다. 그래서 국왕의 권력을 제한하고, 외세에 휘둘리지 않는 자주권을 찾고자 했지요. 안으로는 능력에 따라 관리를 임명함으로써 우수한 인재를 활용하여 힘을 키우고, 흉흉한 민심을 수습하여 개화당의 개혁 정치에 동참하게 하고자 했습니다.

49

왜 독립 협회는 해산되었을까?

홍종우 vs 윤치호

　　고종의 아관파천으로 친일 내각이 물러난 조선에는 친러 내
각이 성립되었고, 러시아를 비롯한 열강의 침탈은 날로 심해갔
습니다. 이즈음 서재필이 『독립신문』을 발간하는 한편, 외세 의
존을 벗어나 자주 독립을 주장하며 윤치호 등과 함께 독립 협회
를 설립하였지요. 하지만 보수 세력과 고종은 황국 협회를 이용
하여 독립 협회를 탄압하였으며 이로 인하여 독립 협회는 3년
만에 해산되고 말았습니다. 이 책에서는 독립 협회가 개최한 만
민 공동회를 습격했던 홍종우가 자신의 행동을 정당했다며 재
판을 엽니다. 그리고 독립 협회의 주역이었던 윤치호를 법정에
세우지요. 재판을 통해 벼랑 끝에 몰린 조선의 국권을 지키기
위해 우리 민족이 어떤 노력을 했는지 알 수 있습니다.

등장인물 소개

원고 홍종우

(1854년 ~ 1913년)
나는 한국인 최초로 프랑스에 유학하여 법률을 공부한 인물입니다. 파리에 머물면서 상투를 틀고 한복차림을 할 정도로 유교적 전통을 중요시 했고 애국심이 강했습니다. 고종의 명을 받아 독립 협회의 활동을 저지하기도 하였지요.

피고 윤치호

(1865년 ~ 1945년)
나는 서재필, 이상재 등과 함께 독립 협회를 조직한 사람입니다. 고종을 설득해 만민공동회를 개최하기로 허락받고 헌의6조를 발표하였는데 나를 대통령으로 하는 대한공화국을 설립한다는 유언비어가 퍼져 내가 이끌던 만민 공동회는 강제로 해산되었지요.

국민들 사이에 나라의 자주독립을 지키려는 움직임이 일어나자, 『독립신문』을 만들고 있던 서재필과 개화파 지식인들이 중심이 되어 1896년 독립 협회가 설립되었다. 만민 공동회는 독립 협회 활동 중 가장 활발했던 것으로 일종의 민중 집회이다. 일반 시민들도 참여하여 정치와 사회 등 여러 문제에 관해 토론을 펼쳤다.

중학교	역사(하)	II. 근대 국가 수립 운동 　6. 대한 제국의 수립과 독립 협회의 활동
고등학교	한국사	V. 근대 국가 수립 운동과 일본 제국주의의 침략 　3. 근대 국가를 수립하기 위해 노력하다 　　2) 독립 협회, 민중과 더불어 국권 · 민권 운동에 나서다

독립 협회가 민권 보장 운동을 전개하는 등 활동을 계속하자, 수구 세력의 방해가 시작된다. 결국은 독립 협회와 만민 공동회를 이끈 지도자들이 체포되고 사실상 독립 협회가 추진했던 개혁 운동은 좌절되게 된다.

위협받는 조선의 자주권

1896년 고종의 아관 파천 이후, 러시아와 일본을 비롯한 제국주의 열강들은 본격적으로 조선에서 이익을 챙겨 가기 시작했습니다. 두만강과 압록강 근처에서 나무를 베어 갈 수 있는 삼림 채벌권이 1896년 러시아에게 넘어간 것은 물론, 함경도의 광산에서 지하자원을 캘 수 있는 권리와 금을 캐어 갈 수 있는 권리가 러시아와 미국에게 각각 넘어갔습니다. 이렇게 조선의 이권을 빼앗긴 것을 두고 제국주의 열강은 조선의 자원을 개발하고 산업을 발전시키기 위한 것이라고 했지만, 사실 조선이 얻은 이익보다 열강들이 가져가는 이익이 훨씬 더 많았지요.

이렇게 삼림 채벌권, 광산 채굴권, 도로 부설권, 전등과 전화 부설권 등을 제국주의 열강에게 넘겨주면서 조선은 스스로 발전할 기회를 잃고 열강에게 의존하는 처지가 되고 말았습니다. 또한 열강들은 조선에서 어떻게든 이익을 챙겨 가려고 했고, 조선 정부는 백성들의 억울한 피해에는 관심조차 없었지요. 조선 안에서 열강들의 간섭이 심해지자 이들의 간섭에서 벗어나려는 조선 백성들의 열망은 상대적으로 커져 가게 됩니다. 외세의 간섭에서 벗어나 자주독립을 지켜야 한다는 의식이 널리 퍼지기 시작한 것이지요.

한편 갑신정변 실패 후, 일본과 미국을 오가며 망명 생활을 해 오던 서재필은 다시 조선에 들어오게 됩니다. 그리고 정부의 지원을 받아 『독립신문』을 창간하게 되지요. 그뿐만 아니라 서재필을 비롯하여 개화파 지식인들은 국민들을 계몽하고 자주독립을 지키기 위하여 1896년 7월에 독립 협회를 조직하기에 이릅니다. 독립 협회는 독립문을 세워 독립 정신을 고취시키고, 만민 공동회를 열어 민주적인 정치 참여를 시도하였지요. 신분에 관계없이 다양한 사람이 서로 의견을 나누는 만민 공동회에서는 외국 세력에 의존하는 정치에 대한 비판의 소리가 나오게 됩니다. 이렇게 정부를 비판하는 목소리가 높아지자 정부에서는 독립 협회와 만민 공동회를 탄압하기 시작하고, 결국 해산시켜 버립니다.

● **다음 제시문을 읽고 물음에 답하시오.**

(가) 원산은 함경남도 덕원군에 위치한 항구 도시입니다. 1880년에 개항된 이후 부쩍 일본인들의 경제 활동이 활발해졌습니다. 그러다 보니 원산 주민들은 외세의 침입을 직접 겪게 되고, 어느 누구보다 신지식을 교육하고 인재를 양성해야 한다는 의식을 갖게 되었지요. 그래서 원산 주민들은 덕원 부사인 정현석에게 근대 학교를 설립해 줄 것을 요청합니다. 그리하여 기금을 모으고 개화파 관료의 지원을 받아 학교를 세우게 됩니다. 이 학교가 바로 한국 최초의 근대식 학교이자 최초의 사립 학교인 '원산 학사'랍니다. 원산 학사는 배움을 얻고자 하는 사람이면 누구든 입학할 수 있었고, 실학과 외국어, 기술 등 신지식을 가르쳤지요. 또한 외국인의

힘을 빌리지 않고 우리 힘으로 세운 학교라는 점에서 원산 학사는 그 의의가 크다고 하겠습니다.

(나) 미국 공사관의 의사로 있던 미국인 호레이스 알렌은 갑신정변 당시 개화파의 공격으로 크게 다친 명성 황후의 조카 민영익을 치료해줍니다. 이 일로 왕의 주치의로 뽑혔지요. 이후 알렌은 왕실의 도움을 받아 1885년 우리나라 최초의 근대식 의료 기관인 '광혜원'을 세우게 됩니다. 광혜원은 통리교섭통상사무아문에 소속되어 있었으며, 광혜원의 원장은 '광혜원당랑'으로 불렸습니다. 광혜원은 이후 제중원으로 이름을 바꾸고 선진 의료 기술을 도입하여 여러 가지 의료 사업을 펼치게 됩니다. 이듬해인 1886년에는 양반 자제 중에서 학생 16명을 선발하여 그중 12명이 본과에 진급하였는데, 이를 한국 근대 의학 교육의 시초로 보지요.

1 (가)는 원산 학사가 세워지게 된 과정에 대한 내용이고, (나)는 광혜원이 세워지게 된 과정에 대한 내용입니다. 각각의 글을 읽고, 당시 시대적 배경과 국민들의 인식 전환에 관해 써 보시오.

● **다음 제시문을 읽고 물음에 답하시오.**

(가) 우리가 『독립신문』을 오늘 처음으로 출판하는데, 조선 속에 있는
내외국 인민에게 우리의 주의를 미리 말씀하여 아시게 하노라.

　우리는 첫째, 편벽되지 아니한고로 무슨 당에도 상관이 없고, 상
하 귀천을 달리 대접하지 아니하고, 모두 조선 사람으로만 알고,
조선만을 위하여 공평히 인민에게 말할 터인데, 우리가 한성 백성
만 위할 것이 아니라 조선 전국 인민을 위하여 무슨 일이든지 대
언(대신 말하여)하여 주려 함이다. 정부에서 하시는 일을 백성에게
전할 터이요, 백성의 정세를 정부에 전할 터이니, 만일 백성이 정
부의 일을 자세히 알고, 정부에서 백성의 일을 자세히 아시면, 피
차에 유익한 일만 있을 것이요, 불평한 마음과 의심하는 생각을
설명할 터이다.

　우리는 바른 대로만 신문을 할 터인고로, 정부 관원이라도 잘못하
는 이 있으면 우리가 말할 터이요, 탐관오리들을 알면 세상에 그
사람의 행정을 펴일 터이요, 사사로운 백성이라도 무법한 일을 하
는 사람은 우리가 찾아 신문에 설명할 터이다.

　또 한쪽에 영문으로 기록하기는 외국 인민이 조선 사정을 자세히
모른즉, 혹 편벽된 말만 듣고 조선을 잘못 생각할까 보아 실상 사
정을 알게 하고자 하여 영문으로 조금 기록한다.

　그러한즉 이 신문은 꼭 조선만 위함을 가히 알 터이요, 이 신문을

인연하여 내외, 남녀, 상하 귀천이 모두 조선 일을 서로 알 터이다.

- 『독립신문』 창간사 -

(나) 신들은 나라의 나라 됨이 둘이 있으니, 자립(自立)하여 타국에 의뢰하지 않는 것이요, 자수(自修)하여 한 나라에 정치를 행하는 것이라고 생각합니다. 이 두 가지는 하느님께서 우리 폐하에게 주신 바의 하나의 대권입니다. 이 대권이 없은즉 그 나라가 없습니다.

- 『독립신문』, 1898년 3월 21일 -

(다) 조선에서는 해·육군을 많이 길러 외국이 침범하는 것을 막을 까닭도 없고, 다만 나라 안에 해·육군이 조금 있어 동학이나 의병 같은 지방의 도둑 떼나 평정시킬 만하면 넉넉하다. 만일, 어떤 나라가 조선을 침범하고자 하여도 조선 정부가 세상에 행세만 잘했을 것 같으면 조선을 다시 남의 나라 속국이 되게 가만둘 리가 없다. 그러므로 조선에서 외국과 싸움할 염려가 없는데, 만일 조선이 싸움이 되도록 일을 할 것 같으면 그때는 화를 면하지 못할 것이다.

- 『독립신문』, 1899년 5월 5일 -

2 (가)~(다)는『독립신문』에 실린 내용 중 일부입니다. 이 내용을 보고『독립신문』의 의의와 한계에 대해 써 보시오.

논술 해답

해답 1

(가)는 원산 학사와 관련된 내용으로, 원산 학사는 종래 한국 최초의 근대 학교로 알려진 배재 학당보다 2년 앞서 설립되었습니다. 배재 학당이 미국의 선교사 아펜젤러가 세운 것과 달리, 원산 학사는 우리 국민들 스스로가 필요에 의해서 세운 것이라는 점에 주목해야 합니다. 새로운 세대에게 새로운 지식을 교육하여 외국의 도전에 대응하고자 한 것이지요. 이는 서양 열강의 침략 속에서 스스로 살아남고자 한 지혜로운 깨달음이라고 볼 수 있습니다.

(나)는 우리나라 최초의 현대식 병원인 광혜원에 관련된 내용으로, 선교사에 의해 개설되었다는 점이 특징입니다. 하지만 이 내용을 살펴보면 왕실에서도 근대적인 치료 방법을 인정했다는 점을 알 수 있으며, 양반들 역시 자신의 자제에게 의료 기술을 가르칠 정도로 생각의 변화가

많이 있었음을 알 수 있습니다.

이렇게 급변하는 시대적 상황 속에서 국민들은 스스로 노력하기도 하고, 또 변하기도 하면서 바뀐 세상에 적응하기 위해 노력을 게을리 하지 않았습니다.

해답 2

(가)의 『독립신문』 창간사를 보면 왜 『독립신문』을 만들게 되었는지 그 이유를 알 수 있습니다. 우선 『독립신문』은 한쪽에 치우쳐서 만들지 않고 "조선 전국 인민을 위하여" 만들고자 하였습니다. 그래서 정부의 일을 백성에게 전하고, 백성의 일을 정부에게 전하는 가교가 되고자 하였지요. 또한 바른 대로만 신문을 만들어 탐관오리는 물론 무법한 일을 한 사람을 찾아서 밝히고자 하였습니다. 그리고 외국 인민에게도 조선의 사정을 알리고자 영문으로 기록한다고 밝혔습니다. 이처럼 『독립신문』은 나라 안의 눈과 귀는 물론 나라 밖의 눈과 귀가 되기 위해 노력하였지요. 그래서 (나)에서와 같이 '폐하'가 바로 서야 나라가 바로 설 수 있음을 천명하기도 했습니다.

하지만 (다)를 보면 『독립신문』의 한계를 느낄 수 있습니다. (다)를 보면 "나라 안에 해·육군이 조금 있어 동학이나 의병 같은 지방의 도둑 떼나 평정시킬 만하면 넉넉하다"고 밝혀 외국의 침범을 막을 필요가 없다고 적혀 있습니다. 이와 같은 생각은 러시아를 제외한 외세에게 오히려 우호적이었던 한계를 드러내는 부분이라 할 수 있습니다.

왜 고종 황제가 폐위되었을까?

고종 vs 이토 히로부미

　　조선의 제26대 왕인 고종은 벼랑 끝에 몰린 조선의 국권을 지키기 위하여 무던히 애를 썼습니다. 그래서 이름을 '대한 제국'으로 선포하기도 하지요. 하지만 외세의 침략은 심해지고, 일본의 이권 침탈은 계속되었습니다. 심지어 군대를 동원하여 조선의 대신들을 협박하고 왕인 고종의 의사를 무시한 채 을사조약을 체결하기에 이릅니다. 을사조약은 1905년 일본이 한국의 외교권을 박탈하기 위하여 강제로 체결한 조약으로, 이로써 대한제국은 일본에 외교권을 빼앗기고 일제의 횡포는 날로 더 심해졌지요. 이에 고종 황제는 이 책에서 을사조약을 강요하고 고종을 강제로 퇴위시킨 이토 히로부미를 법정에 세웁니다. 조선이 어떻게 국권을 잃게 되었는지 낱낱이 파헤쳐 봅니다.

원고 **고종**

(1852년 ~ 1919년)
나는 조선의 제26대 왕이자, 대한 제국의 황제인 고종입니다. 사람들은 나를 을사조약을 막아내지 못한 나약한 왕으로 알고 있는데, 이것은 오해입니다. 나는 외세의 침략에 대응하여 끝까지 포기하지 않고 나라를 지키기 위해 노력하였습니다.

피고 **이토 히로부미**

(1841년 ~ 1909년)
나는 일본의 대표적인 정치가로 일본에서는 근대화를 이끈 인물로 평가받고 있으므니다. 그런데 이런 나를 왜 고소한 것인지, 을사조약이 뭐가 문제인 것인지 도무지 알 수가 없으므니다. 나는 조선을 근대화시키기 위해 노력했을 뿐이므니다.

국호를 대한 제국으로 바꾼 고종은 나라의 자주성을 확보하고 근대 국가로 발전시키기 위해 여러 가지 개혁을 추진했다. 대한 제국의 개혁은 이러한 노력으로 이루어진 것이나, 정부 관리들 중에는 개혁을 반대하는 사람도 적지 않았다.

아관 파천 이후 고종이 경운궁으로 환궁하자, 정부 관리들은 "황제가 없으면 독립도 없다"고 주장했다. 이에 고종은 황제 즉위식을 거행하고 대한 제국을 수립, 선포했다.

일본은 고종과 정부 대신들의 강력한 반대에도 불구하고 을사오적을 앞세워 조약 성립을 일방적으로 공포했다. 이 '을사조약'으로 대한 제국의 외교권은 강탈되었고, 이토 히로부미를 앞세운 일본이 내정과 외교를 장악하게 되었다.

대한 제국 건립에서 을사조약까지

고종은 일본의 감시와 위협을 피해 러시아 공사관으로 피신하였다가 1년 뒤 궁으로 돌아옵니다. 그리고 나라 이름을 '대한 제국'으로, 연호를 '광무'로 정하고 자주 국가의 모습을 갖추기 위해 노력하였지요. 회사와 공장을 설립하여 나라의 경제를 부강하게 하고, 학교들을 세워 인재를 양성하고자 하였지요. 이러한 근대적 개혁을 통틀어 '광무개혁'이라고 부릅니다.

한편 '러일 전쟁'에서 승리한 일본은 러시아와 '러시아는 일본이 대한 제국을 간섭하는 것을 인정한다'는 내용이 담긴 '포츠머스 조약'을 체결하게 됩니다. 이로써 일본은 대한 제국을 차지하는 데 걸림돌이 되는 외부 세력을 제거하게 된 것이지요. 이후 일본과 미국 사이에는 '일본이 대한 제국을 보호하고 미국이 필리핀을 보호하는 것을 서로 인정한다'는 내용의 '가쓰라-태프트 밀약'이 체결됩니다. 이것은 국제 사회에서 일본이 대한 제국에 대한 지배권을 갖는다는 것을 완전히 인정하는 내용이라 할 수 있습니다.

이렇게 기세등등해진 일본은 대한 제국의 외교권을 빼앗는 조약을 맺고자 하였습니다. 이에 고종 황제를 비롯하여 많은 정부 관리들이 반대 의사를 밝혔지만 1905년 11월 일본은 강제로 대한 제국과 '을사조약'을 맺게 됩니다. 을사조약에 서명한 외부대신 박제순, 내부대신 이지용, 군부대신 이근택, 학부대신 이완용, 농상공부대신 권중현을 가리켜 '을사오적'이라고 부릅니다.

이후 나라 안에서는 을사조약의 무효를 주장하는 민족의 움직임이 거세게 일어납니다. 당시 고종의 호위 책임자였던 민영환은 자결로 자신의 뜻을 밝혔고, 장지연은 『황성신문』에 「시일야방성대곡」이라는 논설을 실어 일제의 행동을 비판하고 민족의 슬픔을 담기도 했답니다.

● **다음 제시문을 읽고 물음에 답하시오.**

(가) 우리 대황제 폐하의 뜻이 강경하여 거절하였기 때문에 조약이 성립되지 않았다는 것은 이토 후작 스스로도 잘 알았을 것이다. 그러나 슬프도다. 저 개돼지만도 못한 소위 우리 정부의 대신이란 자들은 자기 일신의 영달과 이익이나 바라면서 위협에 겁먹어 머뭇거리거나 벌벌 떨며 나라를 팔아먹는 도적이 되기를 감수했던 것이다.

아, 400년의 강토와 500년의 사직을 일본에게 들어 바치고 2000만 생령들로 하여금 남의 노예 되게 하였으니, 저 개돼지보다 못한 외부대신 박제순과 각 대신들이야 깊이 꾸짖을 것은 말할 것 없지만, 명색이 참정대신이란 자는 정부의 수석임에도 단지 부

(者) 자로써 책임을 면하여 이름거리나 장만하려 했단 말이냐.

(……) 아! 원통한지고, 아! 분한지고. 우리 2000만 동포여, 노예된 동포여! 살았는가, 죽었는가? 단군, 기자 이래 4000년 국민 정신이 하룻밤 사이에 홀연 망하고 말 것인가. 원통하고 원통하다. 동포여! 동포여.

– 장지연, 「시일야방성대곡」 –

(나) 슬프다. 나라와 민족의 치욕이 이 지경에 이르렀으니 우리 인민은 장차 생존 경쟁 속에서 멸망하리라. 삶을 원하는 자 반드시 죽고, 죽기를 기약하는 자 살아갈 수 있으니, 이는 여러분이 잘 알 것이다. 나 민영환은 죽음으로써 황제의 은혜를 갚고 2000만 동포에게 사과하노라. 민영환은 죽어도 황천에서 동포들을 돕고자 하니, 우리 동포 형제들이여, 천만 배 기운을 떨쳐 힘써 뜻을 굳게 가지고 학문에 힘쓰며 마음을 합하고 협력하여 우리의 자주 독립을 회복한다면, 나는 지하에서 기꺼이 웃으련다. 아! 슬프다. 조금도 실망하지 말지어다. 우리 대한 동포에게 마지막으로 고별하노라.

– 민영환, 「대한 제국 2000만 동포에게 남긴 유서」 –

1 (가)는 장지연이 쓴 「시일야방성대곡」이고, (나)는 민영환이 쓴 「대한 제국 2000만 동포에게 남긴 유서」입니다. (가)와 (나)를 보고 당시의 시대적 상황과 그 시대적 상황에 대응하는 우리 민족의 태도에 대해 써 보시오.

● **다음 제시문을 읽고 물음에 답하시오.**

(가) 제1조 한일 양국의 항구적이고 변함없는 친교를 유지하고 동양
평화를 확고히 이룩하기 위해 한국 정부는 일본 정부를 확고히
믿고 시정 개선에 관한 충고를 받아들인다.
제2조 일본 정부는 한국 황실을 확실한 친선과 우의로 안전하고
편하게 한다.
제3조 일본 정부는 한국의 독립과 영토 보전을 확실히 보증한다.
제4조 제3국의 침해나 혹은 내란으로 인해 한국 황실의 안녕과
영토의 보전에 위험이 있을 경우, 일본 정부는 속히 정황에 따라
필요한 조치를 취할 수 있다. 그러나 한국 정부는 일본의 행동을
용이토록 하기 위해 충분한 편의를 제공한다. 일본 정부는 전 항
의 목적을 성취하기 위해 군략상 필요한 곳을 정황에 따라 차지하
여 이용할 수 있다.
제5조 한국 정부와 일본 정부는 상호 간에 승인을 거치지 않고 뒷
날 본 협정 취지에 어긋나는 협약을 제3국과 맺을 수 없다.
제6조 본 협약에 관련되는 미비한 세부 조항은 일본 대표자와 한
국 외부대신 간에 정황에 따라 협정한다.

- 한일 의정서 -

(나) 제1조 일본 정부는 금후 외무성을 경유하여 한국의 외교를 감리·

지휘하며, 일본의 외교 대표자와 영사는 외국에 있는 한국인과 그 이익을 보호한다.

제2조 일본 정부는 한국이 타국과 맺은 조약의 실행을 완수하며, 한국은 금후 일본의 중개 없이는 타국과 조약이나 약속을 맺어서는 안 된다.

제3조 일본 정부는 한국 황제 아래에 통감을 두고, 통감은 외교를 관리하기 위해 한성(지금의 서울)에 주재하여 한국 황제를 친히 내알할 수 있도록 한다. 또한 일본은 한국의 개항장 등에 이사관을 둘 수 있다. 이사관은 통감의 지휘 아래 종래 한국에서 일본 영사가 지니고 있던 직권을 완전히 집행하고, 또한 본 협약을 완전히 실행하기 위한 모든 사무를 담당한다.

제4조 일본과 한국 사이에 체결된 조약이나 약속은 본 협약에 저촉하지 않는 한 계속 효력을 지닌다.

제5조 일본 정부는 한국 황실의 안녕과 존엄의 유지를 보증한다.

- 을사조약 -

2 (가)는 한일 의정서의 내용이고, (나)는 을사조약의 내용입니다. (가)와 (나)를 통해 일본이 우리나라에서 얻고자 한 것이 무엇이었는지 당시 시대 상황에 맞게 써 보시오.

해답 1

　(가)는 1905년 11월 20일 『황성신문』에 실린 장지연의 「시일야방성대곡」이라는 제목의 논설입니다. '오늘 하루 목 놓아 통곡하노라'라는 뜻의 제목을 가진 이 논설은 일제 침략의 원흉인 이토 히로부미를 비난하고, '을사오적'을 나라를 남에게 팔아 백성을 노예로 만들려는 매국노라고 규정하였습니다. 또 고종 황제가 을사조약을 승인하지 않았으므로 조약은 무효임을 전 국민에게 알렸지요.

　(나)는 고종 황제를 호위하는 임무를 맡고 있던 민영환이 쓴 글로 자결하기 전 동포들에게 남긴 유서입니다. 유서에서 민영환은 황제를 잘 보필하지 못한 것을 사죄하며, 자주 독립을 회복할 것을 국민들에게 당부하였습니다.

　이렇게 을사조약 이후 조약에 반대하는 민족의 움직임이 거세었습니다. 목숨을 걸고 신문에 일본을 비판하는 글을 싣는가 하면, 스스로 목숨을 내놓고 자주 독립을 회복해야 한다고 외치기도 했지요. 이처럼 우리 민족은 강제적이고 굴욕적인 을사조약에 분노하고 또 반대하였습니다.

(가)는 1904년 2월 23일 러시아와 전쟁을 일으킨 일본이 대한 제국을 그들의 세력권에 넣으려고 공수 동맹을 전제로 하여 체결한 외교 문서입니다. 한국의 협력을 강요하고 협박하기 위한 조약이었지요. 전체적으로는 대한 제국의 안전을 지킨다는 내용이지만, 이것의 이면에는 일본이 한국의 영토를 자유롭게 사용할 수 있게 한다는 내용을 담고 있습니다. 이는 러시아와의 전쟁에서 유리한 위치를 선점함은 물론, 이후 한국을 침략할 수 있는 발판을 만드는 것이었습니다.

(나)는 1905년 11월 17일에 일본이 대한 제국을 강압하여 체결한 조약인 을사조약의 내용입니다. 이 조약으로 대한 제국은 사실상 일본의 식민지가 되고 말았지요. 식민지화를 위해 외교권을 빼앗고 내정을 장악하는 것을 주요 내용으로 합니다. 사실상 이 조약을 기초로 개항장과 주요 도시에 통감부와 이사청이 설치되어 일본의 식민지 지배의 기초가 마련되었지요.

왜 창경궁에 동물원이 생겼을까?

순종 vs 이토 히로부미

　　〈순종실록〉에 보면 "창경궁 내에 동물원과 식물원을 설치하고 개원식을 행하고 나서 일반 사람들에게 관람을 허락하였다." 라는 말이 나옵니다. 임금과 사별한 왕비들이 머물던 궁궐인 창경궁이 일제 때 우리나라 최초의 동물원인 '창경원'이 되어버린 것이지요. 당시 대한 제국은 일제의 횡포로 바람 잘 날이 없었습니다. 고종은 강제 퇴위되었고, 뒤를 이어 즉위한 순종마저 제대로 의견을 말할 수 없던 때였지요. 당시 조선 통감이었던 이토 히로부미는 순종을 위로한다는 핑계로 창경궁에 동물원과 식물원을 만들어 조선의 궁궐과 위엄을 짓밟았습니다. 창경궁이 놀이 시설로 바뀐 것과 관련하여 순종과 이토 히로부미의 재판을 살펴봅시다.

원고 **순종**

(1874년~ 1926년)
나는 고종 임금의 뒤를 이어 왕이 된 조선의 제27대 임금이자 대한 제국 최후의 황제이지요. 일제의 요구에 의해 어쩔 수 없이 한일신협약을 체결하여 사실상 국내 정치는 일본인의 손으로 넘어가고 말았답니다. 그런데 뭐 창경궁을 동물원으로 만든 게 날 위한 거였다고요? 어림 반 푼어치도 없는 소리입니다!

피고 **이토 히로부미**

(1841년 ~ 1909년)
나는 일본의 대표적인 정치가로 일본에서는 근대화를 이끈 인물로 평가받고 있으므니다. 에헴! 나는 초대 통감으로 부임하여 한일병합의 기초적인 작업을 하였으며 고종 황제를 강제로 퇴위시키기도 하였스므니다. 왕실만을 위한 창경궁이 백성들의 놀이 시설이 된 것이 뭐가 문제라는 건지 도통 알 수가 없스므니다.

일본의 도요토미 히데요시는 전국 시대의 혼란을 수습하고 통일 국가를 이룩하였다. 그리고는 명을 정복하러 가는데 길을 빌리자는 핑계로 1592년에 조선을 침략하였다.

중학교   역사(하)

I. 근대 국가 수립 운동
　7. 일본의 국권 침탈과 강제 병합

VIII. 주권 수호 운동의 전개
　2. 일제의 침략과 의병 전쟁
　　2) 군대 해산 이후 의병 전쟁의 확산 과정은?
　　　-고종의 강제 퇴위

1907년 네덜란드 헤이그에서 열린 '제2회 만국 평화 회의'에 특사를 파견하였다는 구실로 일본은 고종 황제를 강제로 퇴위시켰다. 이후 일제는 통감의 내정 간섭 권한을 더욱 강화하고 군대를 해산하는 등 강제 병합의 수순을 밟아 나간다.

창경원? 창경궁!

명성 황후가 일본 자객에게 피살당하고 난 뒤 고종은 러시아 공사관으로 거처를 옮기게 됩니다. 그리고 1년 뒤 고종은 궁으로 돌아오지요. 당시 조선은 일본과 러시아를 비롯한 여러 나라들의 이권 다툼에 심한 몸살을 앓고 있었습니다. 그래서 고종은 세계 열강의 틈바구니에서 살아남기 위해서 여러 방안을 모색하지요. 대한 제국으로 국호를 고치고 여러 개혁 정책을 실행에 옮기기도 합니다. 하지만 이런 고종의 노력이 무색하게 일본과 을사조약이 체결되었고, 대한 제국의 외교권은 더 이상 대한 제국의 것이 아니게 되었습니다.

그러던 차에 고종은 일제의 눈을 피해 세계 열강에 을사조약의 부당함을 알리기 위해 특사를 파견합니다. 이것이 바로 헤이그 밀사 사건이지요. 하지만 이 일로 일제는 눈엣가시 같던 고종을 황위에서 밀어내고 그 아들인 순종을 즉위시킵니다. 스물네 살의 나이로 황제에 즉위한 순종은 사실 큰 힘이 없었습니다. 외교권과 재정권을 박탈당한 데다 일본의 압력으로 군대마저 해산되었기 때문이지요.

그 뒤로 일제의 야욕은 점점 더 커져 갑니다. 황태자 영친왕을 유학 명목으로 일본에 인질로 잡아가는가 하면 경제 침탈을 위해 동양 척식 주식회사를 설립하는 등 대한 제국 침탈의 과정을 차근차근 밟아 가지요. 그리고 대한 제국으로 이어진 조선의 역사를 폄하하기 위해서 여러 가지 술책을 부리기도 합니다. 그 대표적인 예가 바로 창경원입니다. 창경궁은 경복궁과 창덕궁에 이어 조선 시대에 세 번째로 지어진 궁궐입니다. 화재로 소실된 경복궁 대신 역대 왕들이 창덕궁에 많이 거처하였기 때문에, 창덕궁 가까이에 왕실의 웃어른인 대비들이 지낼 수 있도록 만든 것이 바로 창경궁이지요.

그런데 바로 이 창경궁을 일제는 놀이동산으로 만들어 버렸습니다. 코끼리, 뱀 등과 같은 외국의 동물을 수입해서 동물원을 만들고, 여러 식물들을 모아서 식물원도 만들었지요. 그리고 표를 팔아 사람들을 입장시켰습니다. 이름은 창경궁이 아닌 '창경원'으로 바꾸었고요.

● **다음 제시문을 읽고 물음에 답하시오.**

창경궁 경춘전

(가) 창경궁은 성종 14년인 1483년에 왕실의 웃어른인 정희 왕후, 소혜 왕후, 안순 왕후를 위해 지어진 궁궐입니다. 이 중 수강궁이라

불리던 궁궐은 이후로도 왕후 등 왕실의 어른들이 머물던 곳으로서, 유교 중심 국가인 조선의 '효' 사상을 상징하는 장소가 되었습니다. 창경궁은 생활 장소가 매우 발달되어 있다는 점이 특징입니다. 경춘전, 환경전 등의 전각들은 주로 왕후들이 기거하였던 곳으로, 창경궁의 주된 역할을 담당하였습니다.

(나) 창경궁은 일반인들이 돈을 내고 표를 끊으면 들어갈 수 있는 곳이 되었습니다. 전각들이 없어지고 대신 그 자리에는 일본 국화인 벚꽃과 동물들의 울음소리 가득한 동물원이 들어섰습니다. 대한제국에 대한 통치권을 장악한 일제는 순종 황제를 위로한다는 명목으로 창경궁에 동물원, 식물원을 세웠습니다.

1 (가)는 창경궁이 세워질 당시에 대한 내용이고, (나)는 창경궁이 창경원으로 바뀔 당시에 대한 내용입니다. (가)와 (나)를 읽고 창경궁의 역사에 대하여 짧게 서술하고, 순종 당시의 시대적 상황에 대해 써 보시오.

● 다음 제시문을 읽고 물음에 답하시오.

(가) 이순신 장군의 명량 대첩 승전지인 해남 우수영과 진도를 건너가는 등줄기로 알려진 옥매산 정상에서 일본인이 박은 것으로 보이는 쇠말뚝이 발견되었습니다. 옥매산은 일제 강점기 때 일본 회사가 차지하고 납석

영친왕과 영친왕비의 결혼

등을 채굴해서 일본으로 실어 나른 곳입니다. 이 회사의 수탈로 옥매산은 헐벗고 절단되는 등 크게 훼손되었지요.

우리 민족의 정기를 끊겠다며 일제가 벌인 악행은 북한에서도 예외가 아니었습니다. 명산으로 손꼽히는 북한의 송악산, 천마산 등에서 쇠말뚝들이 발견되어 치솟는 분노를 금치 못하게 하고 있습니다.

(나) '이왕가(李王家)'라는 말은 1910년 한일병합 조약 이후 대한 제국 황실을 일개 가문으로 격하하여 부른 말입니다. 때때로 조선 왕실, 대한 제국 황실과 동일한 의미로 쓰이기도 합니다.

(다) 광무 황제인 고종과 순헌황귀비 엄씨 사이에서 태어난 영친왕은 1907년 융희 황제인 순종의 즉위와 함께 대한 제국의 마지막 황태자가 되었습니다. 하지만 어린 나이에 일본에 끌려가 일본에서 교육을 받아야 했지요. 1917년에 일본 육군 사관 학교를 졸업하고, 이듬해 일본 황족 나시모토노미야 모리마사 왕의 제1왕녀인 마사코(방자)와 결혼하게 됩니다.

2 (가)는 일제 강점기 시대에 박은 쇠말뚝에 관한 내용이고, (나)는 대한 제국 황실을 '이왕가'라고 부른 것에 대한 내용입니다. 그리고 (다)는 영친왕의 행적에 관한 내용입니다. (가)~(다)를 통해 일제가 어떤 방법으로 대한 제국을 누르고자 했는지 써 보시오.

해답 1

(가)는 성종이 창경궁을 세울 당시에 대한 내용입니다. 많은 왕들이 창덕궁에서 집무를 보고 생활하였는데, 창덕궁은 커져 가는 왕실의 살림을 모두 담기에 벅찬 부분이 있었습니다. 그래서 창경궁을 지어 왕실의 어른들이 편하게 지낼 수 있도록 하였지요. 창덕궁과 창경궁을 묶어 '동궐'이라고 부르기도 합니다. 이렇게 창경궁은 왕실에서는 없어서는 안 될 중요한 공간이자, 웃어른을 생각하는 마음이 담긴 '효'의 공간이었지요.

그런데 (나)를 보면 순종이 즉위한 뒤에 변화된 창경궁의 모습이 어떠했는지 알 수 있습니다. 창경궁은 선대왕의 흔적이 묻어 있던 전각이 없어지고 그 자리에 외국의 동물과 식물들이 들어서게 되었습니다. 그리고는 돈을 받고 표를 팔아 사람들에게 구경하도록 하였지요. 말 그대로 '놀이공원'이 된 것입니다.

엄격하고 신성함이 감돌아야 할 공간을 유희의 공간으로 바꾸어 버린 일제의 행동은 충분히 만행이라는 이름을 붙일 만합니다. 하지만 이렇게 궁궐을 유린당함에도 불구하고 우리나라 국민은 물론 왕도 입을 뻥긋할 수가 없었습니다. 힘이 없었기 때문이지요. 나라의 외교권과 군사권을 빼앗긴 터라 제대로 된 권리를 행사할 수가 없었습니다. 그래서 이런 비극이 일어나게 된 것이지요.

해답 2

(가)는 남한과 북한 전역에서 발견된 쇠말뚝에 관한 내용으로, 이 쇠말뚝은 일제 강점기 시대에 박은 것으로 보입니다. 대한 제국과 우리 민족의 정기를 끊기 위해 벌인 일제의 만행이지요. 또한 (나)는 한 나라의 황실을 일개 가문으로 낮추어서 부르고자 한 일제의 속셈이 드러나는 부분이 아닐 수 없습니다. 그리고 (다)는 대한 제국의 마지막 황태자이자 고종의 일곱째 아들인 영친왕에 대한 내용입니다. 영친왕은 이토 히로부미에 의하여 강제로 일본에 끌려가 일본식 교육을 받고 일본의 육군 중장이 되는 삶을 살아야 했지요. 한 나라의 왕이 되기 위해 그 나라의 문화와 역사를 배워도 모자랄 황태자를 일본에 볼모로 끌고 간 것입니다.

이렇게 일제는 민족의 정기를 끊고, 황실을 폄하하고, 황태자에게 자기네 나라의 교육을 강요함으로써 대한 제국을 누르고 우리나라를 식민지로 만들려고 한 것입니다.

왜 일본은 조선을 수탈했을까?

조선 농민 연합회 대표 김매기
vs
조선 총독부 농림국장 어기짱

    1910년 국권을 빼앗긴 이래 35년간을 우리나라는 일제의 수탈과 억압에 눌려 살아야 했습니다. 특히 한반도를 식민 통치하고 수탈했던 기관이 바로 조선 총독부였지요. 우리나라를 병합한 일제는 조선의 산업을 자신들 마음대로 하고, 쌀을 비롯한 자원을 빼앗기 위해 1912년에 토지 조사령을 발표하고 본격적으로 토지 조사 사업을 시행하였습니다. 또한 일제는 산미 증식 계획을 실시하고 한반도를 일본의 식량기지로 만들었습니다. 이에 조선 농민 연합회 대표 김매기가 조선 총독부를 상대로 재판을 벌입니다. 이 책에서는 일본의 토지 조사 사업과 회사령, 산미 증식 계획, 농촌 진흥 운동의 허상 등이 자세히 소개되어 당시 우리 민족의 뼈아픈 현실을 되새길 수 있습니다.

원고 **조선 농민 연합회 대표 김매기**

(가상의 인물)

나는 조선 농민 연합회를 대표하여 나온 김매기입니다. 좌익 조선농민총동맹과 우익 조선농민연합을 통합한 주역이죠. 이번 소송에서 일본 제국주의와 총독통치에 의해서 조선농민이 얼마나 고통 받았는지 반드시 알아낼 것입니다.

피고 **조선 총독부 농림국장 어기짱**

(가상의 인물)

나는 조선총독부의 농림국장을 맡고 있던 어기짱이므니다. 조선총독부는 조선의 최고통치기구였던 건 다들 알고 있스므니까? 그러니 당연히 여러 가지 정책을 세우고 또 그걸 실행하는 거 아니겠스므니까? 그런데 뭐가 그리 잘못되었다고 난리인지 모르겠스므니다.

제1차 세계 대전으로 심각한 식량 문제에 부딪힌 일본은 한반도에 산미 증식 계획을 실시하였다. 이는 일본 제국의 식량 문제를 해결하기 위한 것으로 일본 제국은 한반도에서 산미 증식 계획을 실시하여 많은 쌀을 반출해 갔다. 이로써 국내 식량 사정은 크게 나빠졌고, 화전민이 되거나 만주 등으로 이주하는 농민이 늘어났다.

일제의 총독부는 토지 소유관계를 근대적으로 정리한다는 명분 아래 토지 조사 사업을 추진하였다. 이로 인해 소수의 지주를 제외한 대다수의 농민은 몰락하고 말았다.

중학교	역사(하)	II. 근대 국가 수립 운동 　7. 일본의 국권 침탈과 강제 병합
고등학교	한국사	VI. 일제의 식민지 지배와 민족 운동의 전개 　2. 일제의 억압과 수탈은 어떻게 전개되었나? 　2-3 빼앗긴 들판(1910년대) 　　– 식민지 경제 수탈 체제가 구축되다

사림은 정치 주도권을 장악하면서 붕당이 형성되었다. 선조 때에 이르러서는 명종 때의 외척 정치의 잔재를 청산하는 문제를 둘러싸고 사림 간에 갈등을 빚기도 하였다.

미리 알아두기

토지 조사령과 회사령

1905년 을사조약이 체결되고, 1906년 통감부가 설치된 이후 조선은 일제에 의해 많은 부분을 억압당하고 또 수탈당해야 했습니다. 그러다 1910년 국권까지 빼앗기게 되자 일제는 수탈의 검은 속내를 공공연히 드러내었지요. 나라를 빼앗은 일제는 토지 조사령과 회사령을 발표했습니다. 그들은 조선을 근대적으로 바꾸기 위한 조치였다고 주장하지만, 이 모든 조치가 조선의 경제를 갉아먹기 위해서였습니다.

한국인이 회사를 세울 때는 반드시 조선 총독부의 허가를 받아야 한다는 법이 바로 '회사령'인데, 이는 우리 민족의 산업 활동까지 간섭하기 위한 것이었습니다. 조선 총독부가 허가하는 조건을 어길 경우에는 총독부에서 사업을 금지시킬 수 있다는 내용을 담은 법이었습니다. 이는 조선을 일본 자본주의 성장의 밑거름으로 쓰기 위한 것이었지요.

또한 이와 비슷한 맥락에서 발표한 것이 '토지 조사령'인데, 토지 조사 사업을 펼친다는 내용입니다. 겉으로는 토지의 주인이 누구인지 법으로 정하고 토지의 가격을 정한다는 것이었지만, 진짜 목적은 조선인들의 땅을 빼앗고자 하는 것이었지요. 일제는 토지의 소유를 인정받고 싶으면, 30~90일 안에 서류를 준비해 신고를 하라고 했습니다. 땅을 신고한 사람의 소유로 인정한다고 말이지요. 서류가 복잡하고 신고 절차가 까다로워 많은 조선인이 토지 조사 사업이 끝날 때까지 신고를 하지 못하게 됩니다. 그러자 조선 총독부는 조선 황실 소유지 및 국유 미간지 등 많은 땅을 배앗아 버렸지요.

하루아침에 땅을 빼앗긴 조선 농민들은 일본인 지주의 소작농이 되어야만 했습니다. 이를 견디지 못한 사람들은 여기저기 떠도는 화전민이 되거나 먼 만주로 이주를 해야만 했지요. 이렇게 일제에 의해 발표된 회사령과 토지 조사령으로 조선인들은 고통을 겪고, 조선의 경제는 야금야금 갉아 먹혔습니다.

한 걸음 더! 역사 논술

〈역사공화국 한국사법정 52 왜 일본은 조선을 수탈했을까?〉와 관련한 논술 문제를 풀어 봅시다.

● **다음 제시문을 읽고 물음에 답하시오.**

(가)

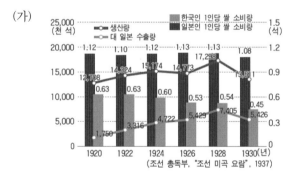

미곡 생산과 일제의 수탈량

(나)

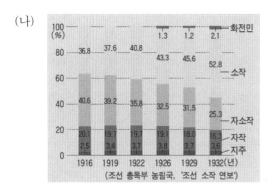

일제 강점기 농민의 계층별 구성

1 　(가)는 미곡 생산과 일제의 수탈량을 나타낸 그래프이고, (나)는 일제 강점기 농민의 계층별 구성을 나타낸 그래프입니다. (가)와 (나)를 보고 일제 강점기 당시 조선 농민들이 겪었을 고통에 대해 써 보시오.

● 다음 제시문을 읽고 물음에 답하시오.

지금은 남의 땅 — 빼앗긴 들에도 봄은 오는가?

나는 온몸에 햇살을 받고,

푸른 하늘 푸른 들이 맞붙은 곳으로,

가르마 같은 논길을 따라 꿈속을 가듯 걸어만 간다.

입술을 다문 하늘아, 들아,

내 맘에는 나 혼자 온 것 같지를 않구나!

네가 끌었느냐, 누가 부르더냐, 답답워라. 말을 해 다오.

〈중략〉

나는 온몸에 풋내를 띠고,

푸른 웃음, 푸른 설움이 어우러진 사이로,

다리를 절며 하루를 걷는다. 아마도 봄 신령이 지폈나 보다.

그러나 지금은 — 들을 빼앗겨 봄조차 빼앗기겠네.

2 시인이 살고 있는 시대적 배경을 생각하며 이 시에 나타난 '들'의 의미에 대해 써 보시오.

해답 1

　(가)의 그래프를 보면 두 가지 사실을 알 수 있습니다. 쌀의 생산량과 쌀의 일본 수출량을 알 수 있고, 조선인과 일본인 1인당 쌀 소비량을 알 수 있지요. 먼저 1920년에는 쌀이 1270만 8000석 생산되어 175만 석을 일본으로 실어 날랐음을 그래프를 보면 알 수 있습니다. 그런데 1930년에 생산량은 조금밖에 늘지 않아 1351만 1000석에 불과했으나, 일본 수출량은 3배가량 늘어난 것을 알 수 있습니다. 생산된 양의 40%가량이 수출된 것이지요. 이로 인해 조선에서는 쌀을 찾아보기 힘들어졌습니다. 많은 양이 일본으로 빠져나가다 보니 조선인은 쌀을 먹는 게 힘들었지요. 그래서 일본인 1인당 쌀 소비량에는 10년간 큰 변화가 없지만, 조선인 1인당 쌀 소비량은 조금씩 줄고 있음을 알 수 있습니다. 일본인의 절반도 안 되는 쌀을 먹고 살아야 했던 것이지요.

　그리고 (나)를 보면 일제 강점기 당시 농민의 계층별 구성을 알 수 있습니다. 1916년에는 자소작 하는 인구가 가장 많은 40.6%를 차지하지만, 1932년에는 25.3%로 크게 준 것을 알 수 있습니다. 반면 소작인의 비율은 52.8%로 크게 늘었지요. 그리고 떠돌아다니는 화전민의 비율도 조금씩 늘고 있음을 알 수 있습니다.

이렇게 일제 강점기 시대에 조선의 농민들은 열심히 일해 쌀을 생산해도 많은 양을 일제나 지주의 주머니에 가져다 바쳐야 하는 상황이었습니다. 일을 하면 할수록 점점 더 가난해지고 힘들어지는 웃지 못할 상황이었던 것입니다.

해답 2

제시된 시는 1901년에 대구에서 태어나 교남학교 교원을 지내다 1943년에 작고한 이상화 시인의 「빼앗긴 들에도 봄은 오는가」라는 시입니다. 이 시 속에 나오는 '들'은 땅, 터전, 국토를 의미하며, 시 속의 '빼앗긴 들'은 일제에 의해 강제로 점령당한 우리 국토를 상징합니다. 국권을 빼앗긴 비극적인 현실과 봄이 찾아온 아름다움을 대비시킴으로써 일제 강점기 시대의 우리 민족의 서러움을 표현하고 있습니다.

왜 안중근은
이토 히로부미를 죽였을까?

이토 히로부미 vs 안중근

  1905년 일본에 의해 외교권을 박탈하기 위한 을사조약이 강제로 체결되자 국내외 각지에서는 항일 민족 투쟁이 이어졌습니다. 이 중에는 안중근 의사가 있었지요. 안중근은 조국의 독립을 위해서는 교육에 힘쓰고 경제 발전을 이루어서 일본에 대항해야 하다고 생각했습니다. 그래서 인재를 양성하기 위해 학교를 세우고 교육 사업에 매진했지요. 하지만 일본의 방해로 이마저 어려워진 안중근은 만주와 연해주를 누비며 독립 운동에 뛰어들게 됩니다. 그리고 1909년, 우리나라 침략에 앞장섰던 이토 히로부미가 하얼빈에 온다는 소식을 접하고 그를 향해 총을 겨누었지요. 이에 이토 히로부미는 안중근을 이 책에서 재판정에 세웁니다. 이토 히로부미의 주장에 따라 왜 안중근은 그를 죽일 수밖에 없었는지 조선의 애국지사들은 어떻게 저항했는지 이 책에서는 자세히 살펴봅니다.

원고 **이토 히로부미**

(1841년 ~ 1909년)

나는 일본의 대표적인 정치가로 일본의 근대화를 이끈 인물인 이토 히로부미이므니다. 나는 한일병합의 기초적인 작업을 하였으며 조선에 친일 내각을 구성하기도 하였스므니다. 그런데 1909년 러시아 재무상을 만나기 위해 만주 하얼빈을 방문하였다가 안중근이 쏜 총에 맞아 죽고 말았스므니다. 이 무슨 억울한 일이므니까?

피고 **안중근**

(1879년 ~ 1910년)

나는 독립운동가로, 이토 히로부미를 사살하고 사형된 안중근입니다. 이토 히로부미는 대한제국의 황제를 강제로 퇴위시킨 죄, 정권을 강제로 빼앗은 죄, 식민화를 꾀하며 동양의 평화를 깨트린 죄 등을 지은 동양의 평화를 해치는 원흉이 틀림없습니다.

일본이 을사조약을 일방적으로 발표하자 민족의 분노는 극에 달했고, 을사조약에 반대하는 민족의 움직임이 전개되어 간다. 대규모 의병 부대가 여러 곳에서 일본군과 전투를 벌였다. 대표적인 의병장으로 민종식, 최익현, 신돌석을 들 수 있다. 의병장으로 국내외에서 항일전을 전개하고 있던 안중근은 우리나라 침략에 앞장섰던 이토 히로부미를 하얼빈에서 사살하였다.

중학교	역사(하)	II. 근대 국가 수립 운동 　8. 항일 의병 운동과 애국 계몽 운동
고등학교	한국사	V. 근대 국가 수립 운동과 일본 제국주의의 침략 　4. 국권 수호 운동을 전개하다 　　4-2 일제의 침략에 맞선 항일 의병 전쟁

국내외를 가리지 않고 매국노와 일본 침략자를 응징한 의사들의 행동이 잇따랐다. 나철, 오기호 등은 오적 암살단을 조직하였고, 안중근은 이토 히로부미를 처단하였다.

안중근이 살던 시대

1879년 황해도 해주의 안 진사 댁에서 태어난 아이는 가슴에 일곱 개의 까만 점이 있었습니다. 그래서 사람들은 아이의 이름을 '응칠'이라고 지었지요. 어린 시절에 응칠이는 성격이 급하고 고집도 무척 세어 무슨 일에나 자기 뜻을 굽히지 않았습니다. 그래서 응칠의 할아버지는 아이의 이름을 고치기로 마음먹었습니다. '급한 성격을 가라앉혀서 뿌리를 내리고 무겁게 행동하라'는 뜻에서 '중근'이라고 이름을 지었지요.

그로부터 20여 년 뒤인 1905년에 우리나라는 일본의 강압으로 을사조약을 맺게 됩니다. 이 조약으로 인해 우리나라의 외교 기관은 전부 폐지되었고, 이듬해인 1906년에는 한성에 통감부가 설치되지요. 초대 통감으로는 이토 히로부미가 임명되었고요. 이에 장지연은 11월 20일 자 『황성신문』에 「시일야방성대곡」이라는 글을 실었습니다. 장지연은 이 글에서 일제 침략의 원흉인 이토 히로부미를 비난하고 을사조약에 찬성한 우리나라 관료들을 매국노라고 비난하였어요.

한편 나라가 위태로운 시기에 안중근은 나라를 위해 무슨 일이든 하고자 했습니다. 그래서 진남포에서 삼흥 학교를 세웠어요. 우리나라의 앞날을 위해 학생들을 가르치고 키우는 데 몰두하던 안중근은 외국에서 우리의 군대를 훈련시키고 있다는 소식을 접하게 됩니다. 안중근은 나라를 위해 자신의 몸을 바친다는 각오로 힘든 길을 떠나지요.

안중근은 러시아의 블라디보스토크로 가서 의병을 모았습니다. 그리고 일본군과 크고 작은 전투를 벌이지요.

그러던 차에 안중근은 신문에서 일본의 이토 히로부미가 만주의 하얼빈에 온다는 기사를 읽게 되었습니다. 1909년 10월의 일입니다. 안중근은 긴 외투를 입고 권총을 호주머니에 넣은 다음 하얼빈으로 출발했지요. 그리고 이토 히로부미가 기차에서 내리고 군악대가 연주하는 틈을 타서 주머니에서 권총을 뽑아 들었습니다. "탕! 탕! 탕!" 안중근의 손에 들린 권총에서 총알이 거침없이 터져 나왔습니다.

한 걸음 더! 역사 논술

〈역사공화국 한국사법정 53 왜 안중근은 이토 히로부미를 죽였을까?〉
와 관련한 논술 문제를 풀어 봅시다.

● **다음 제시문을 읽고 물음에 답하시오.**

(가) 안중근은 1909년 동지 열한 명과 비밀 조직을 만들었다. 그리고
서로의 마음과 힘을 모은다는 의미에서 손가락을 잘라 흐르는 피
로 결심을 공고히 하고자 하였다.

"오늘날 우리 대한국인이 국가가 위급하고 국민이 멸망할 지경에
이르렀는데도 사람들은 말로만 애국을 한다, 나라를 구한다고 떠
들어 댄다. 그래서 오늘 우리는 나라를 구하기 위해 몸과 마음을
다 바칠 것을 결심하고 모임을 만들었다. 그리고 우리의 손가락을
끊어 그 결심이 앞으로도 변하지 않게 하려 한다."

(나) 조선조의 문물 제도를 개혁하려는 움직임의 일환으로, 1895년 1월

김홍집 내각에선 성년 남자의 상투를 자르도록 명령을 내렸다. 정부가 단발령을 내린 이유는 '위생에 이롭고 작업에 편리하기 때문'이었다. 하지만 '신체·머리털·살갖은 부모로부터 물려받은 것으로서 감히 훼상하지 않는 것이 효의 시작이다'라고 여기고 있던 백성들은 단발령에 크게 반발했다.

1 (가)는 '단지 동맹'에 대한 내용이고 (나)는 '단발령'에 대한 내용입니다. (가)는 손가락을 잘라 나라에 충성하는 모습을 보여 주고 있고, (나)는 머리카락을 자르지 않음으로써 효를 다하는 모습을 보여 줍니다. (가)와 (나)의 입장 중 하나를 골라 이를 지지하는 글을 써 보시오.

● 다음 제시문을 읽고 물음에 답하시오.

쑨원

위안스카이

장제스

(가) 공은 삼한을 덮고 이름은 만국에 떨치나니. 100살의 삶은 아니나
　　죽어서 천추에 드리우리. 약한 나라 죄인이요 강한 나라 재상이
　　라. 그래도 처지를 바꿔 놓으니 이토도 죄인 되리.

- 쑨원 -

(나) 평생을 벼르던 일 이제야 끝났구려. 죽을 땅에서 살려는 건 장부
　　가 아니고말고. 몸은 한국에 있어도 만방에 이름 떨쳤소. 살아선
　　100살이 없는 건데 죽어 1000년을 가오리다.

- 위안스카이 -

(다) 장렬천추: 장렬한 뜻 천추에 빛나다.

– 장제스 –

2 (가)~(다)는 안중근의 하얼빈 의거 이후 중국 정치인들이 보인 반응을 적은 것입니다. 당시의 시대상을 생각하며 안중근 의사의 의거에 대해 세계사적 의의를 써 보시오.

┌╌╌╌╌╌╌╌┐
  해답 1
└╌╌╌╌╌╌╌┘

　(가)의 내용에서 조국을 구하고자 하는 결심을 굳게 하고자 왼손 넷째 손가락 마디 하나를 자른 안중근의 모습을 볼 수 있습니다. 안중근은 손가락에서 흐르는 피로 태극기 한쪽에 첫 글자인 '대'를 쓴 것으로 알려져 있지요. '손가락을 끊었다'는 의미에서 '단지 동맹'이라고 이름을 붙였습니다. 그리고 (나)는 당시의 실정을 고려하지 않고 정부에서 일방적으로 시행했던 단발령에 대한 것입니다. 단발령은 머리카락을 길러 상투를 틀었던 오랜 전통을 무시하고 머리카락을 자르도록 지시한 것이지요. 하지만 단발 강요에 대한 반감은 개화 자체에 대한 증오로 발전하였고, 이는 일본에 대한 극도의 반감으로 표출됩니다. 이렇듯 (가)와 (나)는 달라 보이지만 그 뿌리는 결국 하나로서, 나라를 지키고 외세에 굴하지 않는 정신이라 할 수 있습니다. 따라서 (가)에서 안중근이 손가락을 잘라 구국의 신념을 불태운 것도, (나)에서 우리 민족이 머리카락을 지키며 일

본에 저항한 것도, 같은 의미의 항일 운동이었다고 할 수 있습니다.

　(가)를 얘기한 쑨원은 중화민국의 정치가로 신해혁명 후에 임시 대총통으로 추대되었으나 위안스카이에게 정권을 양보한 인물입니다. 약한 나라와 강한 나라로 나뉜 세태를 풍자하며 안중근 의사의 의거를 기리고 있지요. 여기서 '이토'는 '이토 히로부미'를 가리킵니다. (나)를 얘기한 위안스카이는 중국의 정치가로 의화단 사건 후 총독, 북양대신이 되었고 이후 대총통에 취임했습니다. 평생에 벼르던 일을 해냈다고 안중근 의사의 의거를 칭송하고 있습니다. (다)를 쓴 장제스는 중국의 군인이자 정치가로 중화민국 총통을 지냈습니다. 안중근 의사의 뜻이 장렬하다고 평하고 있습니다. 이렇듯 안중근 의사의 의거는 우리 민족에 국한된 일이 아니었습니다. 왜냐하면 일본이 대만을 공격하고, 우리나라를 침탈한 데 이어, 만주는 물론 중국까지 넘보고 있었기 때문이지요. 따라서 동북아시아의 평화에 위협적인 존재가 되었던 이토 히로부미를 저격하고 경각심을 일깨워 준 안중근 의사의 행동은 세계사적으로도 큰 의의가 있다고 할 수 있습니다.

54

왜 3 · 1운동이 일어났을까?

강기덕 vs 손병희

　　을사조약 후 우리 민족이 펼쳐 온 애국 계몽 운동과 의병 전쟁은 일제의 무단 통치 아래 무자비하게 탄압받게 됩니다. 이러한 때에 미국 윌슨 대통령이 제창한 '민족 자결주의'가 도화선이 되어 전 민족적 항일 운동인 3·1운동이 터져 나오게 되지요. 그러나 1919년 3월 1일, 전국적인 만세 시위를 준비하던 손병희를 비롯한 33인의 민족 대표들은 예정돼 있던 탑골 공원이 아닌 태화관에 모여 독립 선언서를 낭독하게 됩니다. 한편 탑골 공원에서 민족 대표를 기다리던 시민과 학생들은 민족 대표 없이 '대한 독립 만세'를 외쳤지요. 이에 이 책에서는 3·1운동 때 탑골 공원에서 만세 시위를 주도한 강기덕이 손병희를 법정에 세웁니다. 그리고 3·1운동이 왜 시작되고 어떻게 전개되었으며 그 의의와 영향은 무엇인지 살펴봅니다.

등장인물
소개

원고 강기덕

(1886년 ~ ?)

나는 3·1운동 때 학생 대표로 탑골 공원에서 만세를 외친 강기덕입니다. 원래 만세 시위에 참석하기로 했던 손병희 선생을 비롯한 민족 대표들이 탑골 공원에 나타나지 않아 정말 당황했었지요. 지금에라도 손병희 선생은 당시 수많은 시민과 학생들에게 사과를 해야 합니다.

피고 손병희

(1861년 ~ 1922년)

나는 민족 대표 33인의 한 사람으로, 3·1운동을 이끈 손병희입니다. 만세 운동의 장소를 탑골 공원에서 태화관으로 바꾼 것은 평화적인 시위를 하기 위해서였습니다. 결코 시민과 학생들을 배신하려고 한 것은 아니었지요.

1919년 초 일제가 고종 황제를 독살했다는 소문이 퍼지면서 민심은 크게 흔들리게 된다. 그리하여 민족 대표 33인이 태화관에서 독립 선언식을 가지고, 학생과 시민들은 만세 운동을 벌인다.

중학교	역사(하)	III. 민족 운동의 전개 2. 3.1운동과 대한민국 임시 정부의 수립

고등학교	한국사	VI. 일제의 식민지 지배와 민족 운동의 전개
		  3. 3·1운동과 대한민국 임시 정부
		  3-3 민족의 정기를 빛낸 3·1운동

러시아 혁명을 일으킨 레닌이 '민족 자결의 원칙'을 선언하고 미국 대통령이 민족 자결주의를 제창하자 국내에서는 변화의 움직임이 일었다. 만주에서 「독립 선언서」가 발표되었고, 일본에서도 「2·8 독립 선언서」가 발표되었다. 이 소식은 3·1 운동을 준비하는 데 큰 자극이 되었다.

민족 자결의 원칙과 3·1운동

19세기 말부터 유럽 등의 제국주의 국가들은 식민지를 더 많이 확보하기 위해 혈안이 되었고, 많은 약소국들이 힘으로 밀어붙이는 이들에게 무참히 점령당했습니다. 그런데 이렇게 식민지를 만들며 팽창해 가던 제국주의 집단 간에 충돌이 일어나게 되지요. 협상국과 동맹국으로 나뉘어 서로 견제하다가 제1차 세계 대전이 발발합니다. 독일 중심의 동맹국의 패배로 전쟁이 끝나자, 협상국 측에서는 동맹국들이 차지하고 있던 식민지를 독립시켜 주자는 의견이 나옵니다. 이때 어느 민족의 일은 그 민족 스스로 결정하게 하자는 '민족 자결의 원칙'이 발표되었습니다.

멀리서 민족 자결의 원칙에 대한 소식을 들은 우리나라 독립운동가들은 희망을 품게 됩니다. 우리도 독립할 기회를 맞았다고 생각한 겁니다. 하지만 민족 자결의 원칙은 제1차 세계 대전의 패전국인 독일, 오스트리아 등의 지배를 받던 나라에 해당되는 것으로, 일본의 지배를 받고 있던 우리에게는 해당되지 않았어요.

이런저런 우여곡절 끝에 1919년 2월 27일까지 민족 대표 33인이 서명을 마쳤고, 고종의 장례식 날인 3월 3일에서 이틀 앞당긴 3월 1일이 거사일로 잡혔습니다. 민족 대표들은 최남선이 쓴「독립 선언서」를 인쇄하여 전국 각지로 배포하고 독립 선언을 하기로 했지요.

드디어 1919년 3월 1일, 독립 선언을 하기로 한 탑골 공원에는 많은 사람들이 모여들었지요. 하지만 민족 대표 33인은 마지막에 계획을 바꾸어 근처의 요릿집인 태화관에 따로 모여「독립 선언서」를 읽고 만세를 부릅니다. 탑골 공원에 모인 학생과 시민들은 이 사실을 알고 민족 대표와 별도로「독립 선언서」를 낭독하고 만세를 외치게 됩니다.

"우리는 여기에 우리 조선이 독립된 나라인 것과 조선 사람이 주인임을 선언하노라."

"대한 독립 만세! 대한 독립 만세!"

만세 소리는 거대한 함성이 되었고, 그 행렬은 갈수록 불어났습니다.

● **다음 제시문을 읽고 물음에 답하시오.**

(가) 1. 우리는 한일병합이 우리 민족의 자유의사에서 비롯되지 않았으며 그것이 우리 민족의 생존 발전을 위협하고 동양의 평화를 저해하는 원인이 된다고 생각하므로 독립을 주장하는 것이다.

   2. 우리는 일본 의회 및 정부에 대해 조선 민족 대회를 소집하고 대회의 결의에 따라 우리 민족의 운명을 결정할 기회를 부여할 것을 요구한다.

   3. 우리는 만국 평화 회의에 대해 민족 자결주의를 우리 민족에게 적용할 것을 청구한다.

   4. 앞의 세 가지 요구가 실현되지 않을 경우 우리 민족은 일본에 대하여 영원한 혈전(血戰)을 선언한다.

   – 「2·8 독립 선언 결의문」 –

(나) 오등(吾等)은 자(玆)에 아(我) 조선(朝鮮)의 독립국(獨立國)임과 조선인(朝鮮人)의 자주민(自主民)임을 선언(宣言)하노라. 차(此)로써 세계만방(世界萬邦)에 고(告)하야 인류 평등(人類平等)의 대의(大義)를 극명(克明)하며, 차(此)로써 자손만대(子孫萬代)에 고(誥)하야 민족자존(民族自存)의 정권(正權)을 영유(永有)케 하노라.

(우리는 이에 조선이 독립국임과 조선인이 자주적인 민족임을 선언한다. 이 선언을 세계 온 나라에 알리어 인류 평등의 크고 바른 도리를 분명히 하며, 이것을 후손들에게 깨우쳐 우리 민족이 자기의 힘으로 살아가는 정당한 권리를 길이 지녀 누리게 하려는 것이다.)

– 「기미 독립 선언서」 부분 –

1 (가)는 「2·8 독립 선언 결의문」이고, (나)는 「기미 독립 선언서」입니다. (가)가 (나)에 어떠한 영향을 주었는지에 대해 서술하고, (가)와 (나)의 공통점과 차이점에 대한 글을 써 보시오.

● **다음 제시문을 읽고 물음에 답하시오.**

(가) 황해도 해주에서는 김월희, 문월선, 김해중월, 문향희, 옥채주라는 이름의 기생들이 태극기를 흔들며 '대한 독립 만세'를 외쳤습니다. 고종의 장례식에 참석하려고 서울에 갔다가 3·1운동을 경험한 김월희가 "기생도 이 나라의 백성이거늘 어찌 가만히 있을 수 있겠느냐" 하면서 해주의 기생들을 모아 만세 운동을 벌인 것이지요. 이들은 일본 경찰에 잡혀가서도 굽히지 않고 당당하게 나라의 독립을 외쳤습니다. 이렇게 용감한 기생들은 전국 방방곡곡에 있었습니다. 특히 수원의 김향화는 동료 기생 32명과 함께 1919년 3월 29일 만세 운동을 벌였지요.

(나) 농촌에서 농민들의 만세 시위는 사람이 많이 모이는 장날에 벌어졌습니다. 농민들은 태극기를 흔들며 '독립 만세'를 외쳤지요. 일제 헌병과 경찰이 총과 칼로 무자비하게 탄압하자, 농민들은 낫, 곡괭이 등의 농기구나 돌멩이 등으로 무장하여 경찰 관서나 헌병대 등을 습격하여 파괴합니다.

(다) 우리 동포들이 많이 거주하는 만주와 옌하이저우 지역에서는 대규모 시위가 연일 전개되었습니다. 특히 미국 필라델피아에서는 3일간 한인 자유 대회를 열고 시가행진을 벌였지요.

2 (가)~(다)는 3·1운동 즈음에 앞다투어 일어난 만세 시위입니다.
(가)~(다)를 읽고 당시 민족적 정서가 어떠했을지 써 보시오.

해답 1

　(가)는 1919년 2월 8일 일본 도쿄에서 재일 유학생이 발표한 「독립 선언문」입니다. 부당했던 한일병합 조약의 폐기와 조선의 독립을 선언하고, 민족 대회의 소집을 요구하며, 민족 자결주의가 우리 민족에게도 적용되어야 한다는 것을 주장하고 있지요. 여기에 덧붙여 이 목적이 이루어질 때까지 영원히 혈전을 벌이겠다고 선언하고 있습니다. (나)는 「기미 독립 선언서」로 「3·1 독립 선언서」라고도 합니다. 1919년 3월 1일 3·1운동을 기하여 민족 대표 33인이 한국의 독립을 내외에 선언한 글이지요. 최남선이 초안을 작성했으며, 이 뒷부분에 한용운이 공약 3장을 작성해 덧붙였다고 알려져 있습니다. 조국의 독립을 선언하는 내용을 담고 있으며, 비폭력적이고 평화적인 방법으로 민족 자결에 의한 자주 독립을 전개하는 방법을 제시하고 있습니다. 한문과 한글 혼용으로 작성되어 있지요.

시기적으로 (가)가 (나)보다 앞서 발표되었으며, (가)가 (나)에 영향을
주었다고 알려져 있습니다. 둘 다 우리나라의 독립을 간절히 바라고 또
독립을 주장하고 있습니다. 또한 '민족 자결주의'에 입각하여 선언서가
작성되었다는 점도 공통점이지요. 하지만 (가)는 선언서에서 밝힌 목적
이 이루어질 때까지 영원히 혈전을 벌이겠다고 선언하고 있는 반면 (나)
는 그렇지 않습니다. 이 점이 (가)와 (나)의 다른 점이라 할 수 있습니다.

해답 2

　(가)는 기생들의 만세 시위에 대한 내용이고, (나)는 농촌에서 벌어진
농민들의 만세 시위이며, (다)는 해외에서 벌어진 시위에 대한 내용이지
요. 이처럼 3·1운동은 우리 민족 일부에서만 일어난 것도, 한 지역에 국
한된 것도 아니었습니다. 만세 시위는 전국으로 확산되었고, 학생뿐 아
니라 교사, 노동자, 상인, 기생, 걸인까지 가담한 범국민적인 행동이었지
요. 참여자가 50만 명 이상으로 추정되며, 수개월 만에 전국으로 퍼져 나
갔습니다. 일본, 옌하이저우, 미국 등 해외에서도 만세 시위가 벌어져 1
년 가까이 지속되었어요. 그만큼 우리 민족의 독립에 대한 갈망이 강했
으며 일제에 대한 분노와 반발이 극에 달했음을 알 수 있습니다.

55

왜 신여성은 구여성과
다른 삶을 살았을까?

구효부 vs 신문물

1920년대, 서울 명동 한가운데는 뾰족구두에 단발머리를 한 '신여성'이 등장하였습니다. 서구 문물이 들어오면서 세워진 여학교에서 교육을 받으며 근대적인 가치관을 키운 이들은 구여성과는 달리 남녀평등, 자유연애를 주장하였지요. 이들과는 달리 유교적이며 가부장적 가치관 아래 성장한 구여성들은 가정을 위해 헌신하는 것을 미덕으로 삼았습니다. 이렇게나 서로 다른 두 여성이 이 책을 통해 재판정에서 만납니다. 원고로 구여성을 대표한 구효부가, 피고로 신여성을 대표한 신문물이 등장을 하지요. 재판에서 신여성과 구여성이 어떤 사람인지 살펴보고, 그들의 삶의 차이점을 살펴봅니다. 이 책에서는 서로 다른 삶을 추구했던 신여성과 구여성을 통해 변화하는 조선의 모습을 살펴볼 수 있지요.

원고 **구효부**

(가상의 인물)
나는 열여섯 살에 남편 얼굴도 모른 채 시집을 온 구효부에요. 남편은 일본으로 유학을 떠나고, 저는 시부모님을 모시고 살았어요. 그런데 남편이 신여성과 사랑에 빠져 이혼을 해달라네요. 시부모님 모시고, 아이들 키우고 열심히 살아온 나에게 이혼이라니 정말 억울할 뿐이에요.

피고 **신문물**

(가상의 인물)
나는 변화하는 시대의 흐름에 따라 열심히 산 신문물이에요. 학교 공부도 열심히 하였고 교육도 많이 받았지요. 그런데 구효부의 남편을 만나 사랑에 빠졌어요. 사실 구효부와 그의 남편은 사랑 없이 얼굴도 모르고 결혼한 거잖아요? 그러니 이제라도 사랑을 찾아가는 게 맞다고 생각해요.

개화 운동이 진행되면서 근대 교육도 출발되었다. 외국의 기독교 선교사들은 정부의 협조를 얻어 배재 학당, 이화 학당, 정신 여학교, 경신 학교, 배화 학당 등을 세웠다. 이들은 학생들에게 신학문과 서양 문화 및 영어 등을 가르쳤다. 을사조약 전후하여 민족 지도자들은 근대 교육을 통해 민족의식을 일깨우고자 하였다. 그래서 대성 학교, 보성 학교 등을 세웠으며, 여학교도 많이 세워져 남녀평등 사상과 민족의식을 고취하였다.

중학교	역사(하)	III. 민족 운동의 전개 　3. 민족 분열 정책과 국내의 항일 운동 　8. 민족 문화 수호 운동의 전개
고등학교	한국사	VI. 일제의 식민지 지배와 민족 운동의 전개 　4. 나라 안에서 다양한 민족 운동을 전개하다 　4-6 차별 없는 사회를 꿈꾸며

1920년대 여성의 사회적 진출이 활발해지고, 여성 노동자 수도 늘어났다. 여성 계몽과 여성 차별을 없애자는 주장의 여성 운동도 일어나게 된다. 하지만 일제 강점기에 여성의 지위는 크게 열악하였다.

신여성의 등장

1876년 개항 이후, 서구 문물이 본격적으로 조선으로 흘러들어 옵니다. 그러면서 이전과는 다르게 생각하는 사람들이 늘어났습니다. 양반과 평민으로 나누던 신분상의 차이에 상관없이 교육의 기회가 열렸고, 남녀의 차이를 엄격하게 나누던 것과 달리 여성에게도 교육의 기회가 생겼습니다. 이로 인해 신식 교육을 받은 여성, 즉 신여성들이 탄생하게 되었지요. 이러한 신여성들은 짧은 파마머리나 단발머리, 굽 높은 구두, 종아리가 드러난 통치마로 대표되기도 합니다. 쪽진 머리에 비녀를 꽂고, 긴 치마에 저고리를 입던 기존의 여성과는 사뭇 다른 모습이었습니다. 그래서 기존의 여성을 '구여성'이라는 이름으로 부르기도 하지요.

신여성은 생활 양식이나 사상 자체를 자유롭게 하는 여성으로, 일본 유학을 다녀오거나 국내에서 신식 교육을 받은 여성으로 신문화를 받아들이기 위해 세계의 문학서나 사상 관계 서적을 읽은 여성이었지요. 이들은 부모님이 정해 주는 배필을 만나 자식을 낳고 함께 살아가는 것을 거부했습니다. 그래서 사랑으로 사람을 만나 자유롭게 연애를 하다 결혼하는 것을 꿈꾸었지요. 그러다 보니 전통적인 윤리관에 위배되는 자유분방한 생활을 하는 신여성이 있기도 했습니다.

1910년대까지를 신여성층의 형성기라고 한다면, 1920년대는 신여성들이 사회에 진출하여 신여성론을 전개함으로써 사회의 이목을 모으던 시기였습니다. 특히 1920년을 전후하여 동경 유학을 마치고 귀국해서 활발한 사회 활동을 전개하여 여류 명사가 되었던 김원주·김명순·나혜석 등은 신여성의 상징적인 존재로 부각되었지요. 신여성의 대표적 인물인 김원주는 "신여성이 되려면 나 자신부터 알아야 하고, 조선을 알아야 하고, 결혼을 직업화하지 말고, 동등한 경제권을 갖도록 애쓰고, 경제 상태를 면밀히 파악해 자기 생활을 타개하고, 검소한 몸가짐을 해야 한다"고 말했습니다.

또한 신여성들은 자신의 재능을 갈고 닦아 사회 여러 분야에서 눈부신 활약을 펼치기도 했습니다. 무용가 최승희는 서양 무용을 우리 전통문화에 맞게 고쳐 해외에 소개했고, 서양화가 나혜석은 1921년 조선 여성으로서는 처음으로 개인전을 열었지요. 서양 음악을 보급한 윤심덕, 한국 최초의 여성 박사 김활란 등은 당시를 살아가는 신여성은 물론 구여성의 삶과 생활에 많은 영향을 미쳤습니다.

한 걸음 더! 역사 논술

〈역사공화국 한국사법정 55 왜 신여성은 구여성과 다른 삶을 살았을까?〉와 관련한 논술 문제를 풀어 봅시다.

● **다음 제시문을 읽고 물음에 답하시오.**

(가) 독립군에도 여성들이 많았습니다. 그중 한 사람이 조선 의용군 부녀 대장 이화림입니다. 1905년 평양에서 태어나 25세 때 독립 운동에 뜻을 두고 중국으로 갑니다. 그 뒤 상하이 임시정부의 김구 밑에서 비서 노릇을 하다 조선 의용군 대원이 되었지요. 죽음을 넘나드는 여러 차례의 전투를 치르며 중국 대륙 서쪽 깊숙이 있는 태항산까지 가게 됩니다. 결국 우리나라는 해방을 맞게 되고, 해방 후 이화림은 중국에 남아 의학 공부를 합니다. 해방된 조국에 꼭 필요할 거라고 생각했기 때문입니다. 하지만 조국으로 돌아오지 못하고 그곳에서 의사가 되었지요.

(나) 조선이 일본의 식민지가 된 지 얼마 안 되어 15~16세 된 여자들이 사진 한 장을 가슴에 품고 하와이행 배에 올라타게 됩니다. 석 달이나 걸리는 뱃길을 지나 그녀들이 찾아간 것은 남편감이었습니다. 달랑 사진만 한 장 보고 하와이에 있는 신랑과 결혼을 한 것이었습니다. 당시 하와이 사탕수수 농장에는 7000명이 넘는 조선인 노동자들이 일하고 있었는데, 대부분 미혼이라 사진만 고향에 보내 신붓감을 찾은 것입니다. 신부들은 가난과 불안에서 벗어나 새 세상으로 가고 싶다는 마음에서 하와이행을 결정하게 된 것입니다.

1 (가)는 조선의용군 부녀 대장인 이화림에 대한 내용이고, (나)는 하와이로 간 신부들에 대한 내용입니다. (가)가 (나)를 보고 일제 강점기 당시 우리나라 여성들의 삶에 대해 써 보시오.

● **다음 제시문을 읽고 물음에 답하시오.**

(가) 근우회 행동 강령

　　1. 여성에 대한 사회적·법률적 일체 차별 철폐

　　2. 일체 봉건적 인습과 미신 타파

　　3. 조혼 폐지 및 결혼의 자유

　　4. 인신매매 및 공창(公娼) 폐지

　　5. 농민 부인의 경제적 이익 옹호

　　6. 부인 노동의 임금 차별 철폐 및 산전 산후 임금 지불

　　7. 부인 및 소년공의 위험 노동 및 야업 폐지

(나) 첫째, 일생을 두고 지금과 같이 나를 사랑해 주시오.

　　둘째, 그림 그리는 것을 방해하지 마시오.

　　셋째, 시어머니와 전실 딸과는 별거케 하여 주시오.

2　(가)는 근우회의 행동 강령이고, (나)는 나
혜석이 결혼할 당시 신랑에게 약속받은 3
가지입니다. (가)와 (나)를 보고, 당시 신여
성들의 사고에 대해 써 보시오.

나혜석의 결혼식

논술
해답

해답 1

　(가)는 여성 독립군에 대한 내용입니다. 한국이 일본에게 빼앗긴 국권을 찾기 위해 1910~1945년까지 일제에 무력 항쟁한 군대를 독립군이라고 합니다. 이 중에는 우리가 잘 알고 있는 김좌진, 홍범도와 같은 분들도 있지만, 이름 모를 많은 독립군도 있었지요. 특히 이 중에는 여성 독립군도 있었습니다. 2011년 현재 보훈처에 이름을 올리고 훈·포장을 받은 여성 독립 운동가는 204명입니다. 하지만 이외에도 많은 여성 독립운동가가 있었으리라고 봅니다. 이들도 나라 잃은 설움을 겪고 있는 조선의 백성이었으니까요.

　(나)는 아는 이 없는 이국의 땅으로 떠난 '사진 신부'에 관한 내용입니다. 사진만 보고 신부가 되었다 하여 이렇게 부르지요. 이들은 하와이 사탕수수 농장에서 일하고 있는 조선인 노동자의 아내가 되었고, 낯선 땅에서 뿌리를 내리며 살았지요.

(가)와 (나) 모두 현실을 바꾸어 보고자 하는 우리나라 여성들의 삶을 보여 줍니다. 일제 강점기 아래 독립을 이루기 위해 노력하는 독립군이 되거나, 가난과 불안을 벗어나 새 세상으로 떠나는 사진 신부가 된 것입니다.

해답 2

(가)의 근우회는 1927년 5월에 조직된 여성 운동 단체로, '조선 여자의 공고한 단결을 도모함', '조선 여자의 지위 향상을 도모함' 등의 강령을 내세웠습니다. 당시 유력한 여성 인사들이 대부분 참여하였으며, 신간회의 여성 자매단체라 할 수 있지요. 근우회는 70여 개의 지회를 두고, 회원도 2900여 명에 이르렀습니다. 야학을 실시하고 문맹을 퇴치하고자 노력하는 등 여성 계몽에 힘썼습니다.

(나)는 우리나라 최초의 여류 서양화가인 나혜석이 김우영과 결혼하면서 받아낸 약속입니다. 양성 평등과 여성 해방을 추구한 여성 운동가로 부유한 변호사와 결혼하면서 이러한 약속을 받아낸 것이지요. 결혼식 청첩장을 보내는 대신 결혼한다는 내용을 신문 광고로 싣기도 했습니다.

이렇게 당시 신여성들은 조선 여성들의 지위를 높이기 위해 노력하거나, 스스로 받는 억압으로부터 벗어나기 위해 여러 가지 방법으로 노력했답니다.

왜 6·25 전쟁이 일어났을까?

이승만 vs 김일성

일제의 억압에서 벗어나 광복을 맞이한 우리 민족은 기쁨도 잠시밖에 누릴 수가 없었습니다. 한반도를 둘러싼 국제 정세의 변화와 국내에서의 좌우 이념 대립으로 남한과 북한은 각각 단독 정부를 수립하게 되었기 때문이지요. 이후 남한과 북한은 서로 다른 길을 걷기 시작했고, 서로 다른 헌법을 기반으로 통치를 해나갔습니다. 그러던 중 1950년 6월 25일, 북한군은 기습 공격을 해 옵니다. 3년 동안의 전쟁으로 전 국토는 폐허가 되었고 많은 사람이 다치고 목숨을 잃었지요. 이에 당시 남한의 대통령이었던 이승만은 북한의 인민군 최고 사령관이었던 김일성에게 모든 책임을 묻고자 합니다. 따라서 이 책에서는 6·25 전쟁이 일어나기 전의 상황과 전쟁이 일어나게 된 과정을 차근차근 살펴보며 6·25 전쟁의 배경에 대해 짚어봅니다.

원고 이승만

(1875년 ~ 1965년)
나는 대한민국의 초대 대통령인 이승만입니다. 광복 후 우익 민주진영의 지도자가 되어 남한에 단독 정부 수립 계획을 발표하고 대통령으로 당선까지 되었지요. 그런데 1950년에 북한이 6·25전쟁을 일으켜 한반도를 쑥대밭으로 만들었습니다.

피고 김일성

(1912년 ~ 1994년)
나는 북한 공산주의 혁명의 주역입니다. 소련군 장교가 되었다가 북한에서는 정치 활동을 하였지요. 자꾸 나를 6·25전쟁의 주범으로 몰아가는데, 6·25전쟁에 대해서는 나도 할 말이 많습니다. 어험!!

교과서
에는

대한민국은 감격적인 광복을 맞았지만, 이것이 독립으로 이어지지는 못했다. 미국과 소련이 북위 38도선을 군사 분계선으로 설정하고 남과 북에 각각 자기 나라 군대를 진주시켰기 때문이다. 이후 남한에서는 총선거가 실시되어 대한민국 정부가 수립된다. 남한과 북한으로 나뉜 상태에서 남한에서 최초의 총선거가 치러진다. 여기서 대통령 이승만과 부통령 이시영이 선출되었고, 이어 대한민국 정부 수립이 선포된다. 이 일을 전후하여 남한 사회에서는 잦은 갈등이 불거지게 된다.

중학교　역사(하)

IV. 대한민국의 발전
　2. 6.25 전쟁과 그 피해

북한 공산 정권은 소련과 비밀 군사 협정을 맺고 군사력을 증강한 뒤 대한민국에 대한 무력 남침을 강행하였다. 이렇게 북한이 일으킨 6·25 전쟁은 자유와 평화에 대한 도전이자 동족상잔의 비극이었다.

계속되는 민족의 시련

1945년 8월 15일 우리 민족은 꿈에 그리던 광복을 맞이합니다. 그리고 당시 독립운동가가 중심이 되어 '조선 건국 준비 위원회'를 만들어 독립 국가를 건설하려고 노력했지요. 그런데 이때 미국과 소련 등 연합국이 한반도로 몰려옵니다. 일본군의 무장 해제를 명목으로 소련은 38도선 이북의 북한 지역에 들어오고 미국은 남한에 들어온 것이지요. 모스크바 삼국 외상 회의에서는 한반도에서 신탁 통치를 하기로 결정합니다. 신탁 통치란 국제 연합의 위임을 받은 나라가 정치적 혼란이 걱정되는 나라를 통치하여 주는 것이지요.

우리 민족은 신탁 통치를 반대하는 사람과 신탁 통치를 찬성하는 사람으로 나뉘게 됩니다. 우리 민족이 다시 분열된 것이지요. 이렇게 혼란을 겪고 있을 때 미군정은 1948년에 남한에서만 총선거를 실시하기로 결정합니다. 이 선거에서 뽑힌 국회의원들이 나라 이름을 '대한민국'이라고 정하고 정부를 수립하지요. 이후 북한에서도 김일성을 수상으로 하는 '조선 민주주의 인민 공화국'이 세워져 남한과 북한은 서로 다른 길을 걷게 됩니다.

이렇게 남북으로 갈라진 한반도에서 결국 6·25 전쟁이 터집니다. 1950년 6월 25일 북한군이 휴전선을 넘어 남한에 침입한 것이지요. 북한의 침입에 대비하지 못한 남한은 속수무책으로 한 달 만에 경상도를 제외한 전 지역을 점령당합니다. 이에 미국을 포함한 국제 연합군이 한반도가 공산화되는 것을 막기 위해 곧바로 전쟁에 참전했고, 남북 간에 공방이 오간 끝에 휴전 협정을 맺게 됩니다.

약 3년 동안 벌어진 6·25 전쟁으로 남과 북 모두 큰 희생을 겪었고, 분단은 이후 우리 민족에게 큰 짐이 되고 있습니다.

한 걸음 더! 역사 논술

〈역사공화국 한국사법정 56 왜 6·25 전쟁이 일어났을까?〉와 관련한 논술 문제를 풀어 봅시다.

● **다음 제시문을 읽고 물음에 답하시오.**

(가)

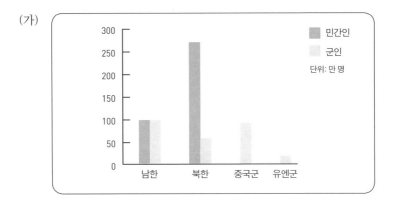

(나)

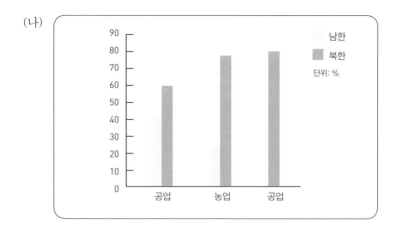

1 (가)는 6 · 25 전쟁으로 인한 인명 피해 상황이고, (나)는 1949년 대비 파괴율을 나타낸 것으로 6 · 25 전쟁으로 인한 경제적 피해 상황입니다. (가)와 (나)를 보고 6 · 25 전쟁이 한반도에 미친 영향에 대해 써 보시오.

● 다음 제시문을 읽고 물음에 답하시오.

(가) 1876년 8월에 태어난 김구는 한국의 독립운동가이자 정치인입니다. 1919년 3·1 운동 이후에는 상하이에 임시 정부를 세우고 독립운동을 했으며, 해방 이후에는 통일된 나라를 만들기 위해 노력했습니다. 김구는 신탁 통치를 통한 외세의 지배가 계속된다는 소식에 분연히

일어나, 외세를 배제하고 우리의 통일 정부를 세우기 위해 노력합니다. 북으로 가서 김일성을 만나 설득하는 등 애를 썼지만, 결국 1949년 6월 육군 장교의 손에 암살당하고 맙니다.

(나) 1886년 5월에 태어난 여운형은 해방 이전에는 일제에 맞서서 싸웠고, 해방 이후에는 근로 인민당을 이끌고 건국 준비 위원회의 위원장 역할을 했습니다. 안창호의 연설에 감화되어 독립운동에 투신한 인물로, 남과 북이 따로 단독 정부를 세워서는 안 된다고 생각했습니다. 그래

서 여운형은 몇 번이나 북으로 넘어가 단독 선거를 막자고 협력을

요청하기도 했지요. 하지만 1947년 7월 극우 세력에게 암살당하고 맙니다.

(다) 1900년 5월 충청남도 예산에서 태어난 박헌영은 청년 시절 상하이에서 사회주의 운동에 몸담았습니다. 이후 사회주의 단체를 이끌며 항일 독립운동을 계속했지요. 박헌영은 꿈에 그리던 해방을 맞자 남조선 노동당을 만듭니다. 그리고 친일파를 제거하고, 노동자를 보호하고,  빈부의 차이를 없애는 것 등을 주장하였지요. 남한에서의 활동이 자유롭지 않아 북으로 갔지만, 결국 미국의 스파이라는 죄를 뒤집어쓰고 1955년 12월 사형을 당하고 맙니다.

2 (가)~(다)는 우리나라의 대표적인 민족 지도자인 김구, 여운형, 박헌영에 대한 내용입니다. 서로 다른 인물인 (가)~(다)의 인물이 이룩하고자 한 것은 무엇인지 그 공통점을 써 보시오.

해답 1

(가)는 6 · 25 전쟁으로 인한 인명 피해를 남한, 북한, 중국군, 유엔군으로 나누어서 비교해 본 것입니다. 단위가 '만 명'이라는 것을 감안할 때 남한은 민간인 99만 명, 군인 99만 명이 희생되었음을 알 수 있지요. 북한은 그 피해가 더 커서 민간인은 268만 명, 군인은 61만 명이 희생되었습니다. 중국군과 유엔군의 피해도 적지 않았고요. 이처럼 동족끼리 총부리를 겨누었던 6 · 25 전쟁으로 인해 수백만 명의 사람이 다치거나 죽었습니다.

(나)는 6 · 25 전쟁으로 인한 경제적 피해를 1949년 대비 도표로 나타낸 것으로, 남한의 경우 공업은 절반 가량이 파괴되고 농업은 약 30% 가량이 파괴된 것을 알 수 있습니다. 북한은 그 피해가 더 커서 공업은 60%, 농업은 78%, 광업은 80%가 파괴되었지요. 이처럼 전쟁으로 인한 경제적 피해도 무척 컸습니다. 공장과 발전소가 파괴되었고 국토는 폐허가 되었지요.

(가)는 김구에 관한 내용이고, (나)는 여운형, (다)는 박헌영에 관한 내용입니다. 세 사람 모두 독립운동을 이끌고 나라를 바로 세우고자 한 대표적인 민족 지도자였지요. 당시의 시대 상황에서 서로 주장과 노선은 다소 달랐지만, 세 사람 모두 나라와 민족을 위해 평생을 바친 인물이라는 공통점이 있습니다. 또한 김구, 여운형, 박헌영 모두 분단을 막고 민족의 통일된 정부를 세우려고 노력했다는 점이 같아요.

왜 4·19 혁명이 발생했을까?

장면 vs 이승만

1948년 대한민국의 초대 대통령이 된 이승만은 자신의 대통령직을 유지하기 위해 헌법을 두 차례나 바꾸며 12년간 독재 정치를 펼칩니다. 그것도 모자라 1960년에는 부통령 선거에서 자신이 속한 자유당이 이길 수 있게 각종 부정을 저지르지요. 그래서 자유당의 부정 선거에 반대하는 시위가 전국에서 산발적으로 일어나게 됩니다. 그런데 경찰이 쏜 최루탄에 맞아 숨진 고등학생 김주열의 시신이 마산 앞바다에서 발견되고, 분노한 중고등학생, 대학생, 시민 등 수십만 명이 거리로 뛰어나오게 됩니다. 이것이 바로 4·19 혁명이지요. 이러한 역사적 배경을 바탕으로 이 책에서는 당시 자유당을 창당한 이승만 대통령을 고소합니다. 그리고 독재 정권을 시민의 힘으로 무너뜨린 4·19 혁명에 대해 자세히 알아보지요.

원고 **장면**

(1899년~1966년)
나는 대한민국 야당의 지도자로서 이승만과 자유당의 독재 정권에 맞서 싸운 장면입니다. 1960년 부통령 선거에서 자유당의 이기붕을 상대로 야당 후보로 나왔으며, 4·19 혁명을 처음부터 끝까지 지켜보았지요.

피고 **이승만**

(1875년 ~ 1965년)
나는 대한민국의 초대 대통령인 이승만입니다. 대통령이 된 다음 12년 동안 집권을 했지요. 당시 대한민국은 아직 정치적으로 안정되지 못했기 때문에 나의 힘과 우리 자유당의 힘이 더 필요하다고 생각하였습니다. 하지만 국민들은 아니었나 봅니다. 국민들이 일으킨 4·19 혁명으로 나는 하와이로 망명을 가게 되지요.

4·19 혁명은 우리나라 최초의 민주주의 혁명으로 1960년에 일어났다. 당시 이승만 정권의 장기 집권과 그에 따른 부정부패에 분노한 시민들이 일어나 민주화를 요구하였다. 4·19 혁명은 고등학생들이 앞장서고 대학생과 시민들이 폭넓게 참여하여 독재 정권을 무너뜨린 아시아 최초의 민주 혁명으로, 이후 계속된 민주화 운동의 주춧돌이 되었다.

중학교	역사(하)	IV. 대한민국의 발전 4. 민주주의의 발전

고등학교	한국사	IX. 대한민국의 발전과 국제 정세의 변화
		  2. 민주주의의 시련과 발전
		    2-2 4·19 혁명의 기대 속에 출범한 장면 내각

4·19 혁명 이후 구성된 과도 정부는 새 헌법 제정에 나서 내각 책임제 개헌을 이룬다. 이에 따라 실시된 총선거에서 민주당이 압승을 거두면서 윤보선이 대통령에 선출되고, 윤보선 대통령이 장면을 국무총리에 지명함으로써 장면 내각이 출범하게 된다.

민주주의의 불꽃, 4·19 혁명

남한의 초대 대통령이었던 이승만은 헌법을 고치면서까지 정권을 유지하려고 했습니다. 1956년에는 3선 대통령이 되기 위해 헌법을 바꾸는 문제로 국회 투표를 하게 되었는데, 203명의 의원 중 135명이 찬성을 했습니다. 하지만 헌법을 바꾸려면 203명의 3분의 2인 135.33…명 즉 136명의 찬성이 필요했지요. 그러자 이승만과 자유당 쪽은 '절반이 안 될 때는 없는 것으로 계산하고, 절반이 넘을 때에만 하나로 여겨야 한다'는 사사오입을 적용해 135명이면 헌법을 바꿀 수 있다고 주장하지요. 결국 이승만은 3선 대통령이 되었어요.

이렇게 이승만은 무려 12년이나 대통령을 했지만, 1960년 3월 15일 치러진 제4대 대통령 선거에서도 계속 집권하려고 온갖 부정부패를 저지르지요. 돈을 주어 자신을 지지하게 하고, 투표할 때 조를 짜서 서로 감시하게 하거나 투표함을 바꿔치기 하는 등, 있을 수 없는 일을 벌입니다. 이를 '3·15 부정 선거'라고 해요.

이에 분노한 국민들이 곳곳에서 부정 선거 무효를 주장하는 시위를 벌이자, 정부에서는 공산당이 시위를 조종한다고 매도하며 무력으로 진압합니다. 그런데 마산 시위가 있고 한 달 뒤에 시위 당시 실종되었던 한 학생의 시신이 발견됩니다. 바로 경찰이 쏜 최루탄에 맞고 사망한 김주열로, 경찰이 몰래 바다에 던져 버렸던 것이지요.

이 사건이 다시 국민들의 분노를 불질러, 4월 18일 서울의 대학생들 사이에서 독재 정권에 반대하는 시위가 일어나지요. 결국 이승만은 대통령 자리에서 물러나겠다고 발표합니다. 마침내 국민의 손으로 이승만 정권을 무너뜨리고 민주주의의 불꽃을 키워 나가게 된 것이지요. 이것이 바로 4·19 혁명입니다.

4·19 혁명에 참여한 시위대의 모습

● **다음 제시문을 읽고 물음에 답하시오.**

(가) 1. 기성 세대는 자성하라.

2. 마산 사건의 책임자를 즉시 처단하라.

3. 우리는 행동성 없는 지식인을 배격한다.

4. 경찰의 학원 출입을 엄단하라.

5. 오늘의 평화적 시위를 방해치 말라.

－ 1960년 4월 18일, 고려대학교 학생의 구호 －

(나) 동래고 학도는 이렇게 외치노라.

일제의 탄압에서 조국 광복을 위해 목숨을 내건 선열과 이승만
대통령의 투쟁사를 읽고 배웠다. 이 빛나는 역사적 사실에서 용

기를 얻어 우리는 진정한 민주주의의 수호를 위해 정정당당히 시위한다.

1. 경찰은 신성한 학원에 간섭 말라.

2. 김주열 군과 김영길 군을 참살한 자를 속히 처단하라.

3. 행방불명된 사람들의 행방을 조속한 시일 내에 밝혀라.

4. 평화적인 데모는 우리들의 자유다.

　　　　– 1960년 4월 18일, 동래고등학교 학생의 결의문과 전단 –

1 (가)와 (나)를 읽고 이 글에서 알 수 있는 당시의 분위기와 이어지는 역사적 상황에 대해 글로 써 보시오.

● **다음 제시문을 읽고 물음에 답하시오.**

　　현하 북한 괴뢰는 남침의 기회만을 노리고 호시탐탐하는 차제, 근간 서울 시내의 공공 질서는 극단히 문란한 지경에 달하여 일부 몰지각한 군중들은 부화뇌동하여 소요 행위를 자행하는 등 중대한 사태에 이르러 정부는 국무원 공고 제82호로서 서울특별시 일원에 대하여 단기 4293년 4월 19일 13시 현재로 헌법 및 계엄법에 의거하여 경비 계엄을 선포하였습니다.

　　본관은 계엄법에 정하는 바에 따라 치안 확보상 필요한 한도 내에서 엄정하게 이를 운영할 것이니 시민 제원은 군을 신뢰하여 안도하는 동시에 무근한 낭설을 조성하거나 직장을 무단 포기하거나 모략을 자행하여 민심을 동요케 하는 등 경망한 행동으로 질서를 교란하고 안녕을 파괴하는 행위에 대해서는 법에 비추어 처단할 것이므로 각별히 계심하여 유감없기를 바라는 바입니다.

　　　　　　　　　　　　　- 계엄사령부 포고문 제1호(1960년 4월 19일 13시 30분) -

(……)

1. 현재 진행 중인 모든 집회는 즉각 해산하라.

2. 일체의 옥외 집회를 불허한다.

3. 계엄 지구의 제 학교 학생의 등교를 중지한다.

4. 통행금지 시간 제한을 준수하라.

5. 언론 출판 보도 등은 사전 조치를 받으라.

6. 유언비어 날조, 유포를 불허한다.

- 계엄사령부 포고문 제2호(1960년 4월 19일 17시) -

2 이 글은 4·19 시위에 대한 정부의 계엄령 포고문입니다. 이 글을 보고 당시 계엄령 선포로 변하는 것이 무엇인지 글로 써 보시오,

----

해답 1

　(가)는 4·19 혁명이 있기 하루 전인 4월 18일 고려대학교 학생들이 당시 현실에 분노하여 외친 구호입니다. 그리고 (나)는 같은 날 오전 부산 동래고등학교 학생들이 교문 밖으로 뛰어나와 구호를 외치며 뿌린 전단에 적힌 내용입니다. 교실에서 학문을 닦고 공부를 해야 할 학생들이 거리로 뛰어나오고 구호를 외치게 된 것이지요.

　이것은 오랜 세월 계속되어 온 자유당의 장기 집권과 부정 선거로 쌓였던 불만이 터져 나온 결과입니다. 특히 마산에서 시위를 하던 고등학생인 김주열 군이 행방불명되었다가 버려진 시체로 발견되자 학생들을 비롯한 국민들의 분노는 극에 달하게 됩니다. 그래서 목소리를 높여 마산 사건의 책임자를 처단하고 행방불명된 사람들을 찾아낼 것을 요구하게 된 것이지요. 이러한 행동은 진정한 민주주의의 수호를 위한 것으로 다음 날 터져 나오는 4·19 혁명으로 이어지게 됩니다.

부정 선거, 시위대에 대한 폭력 등 잘못을 하고도 이를 덮으려고만 하는 정부의 태도에 대학생과 고등학생은 물론 시민들의 분노는 가라앉을 줄 몰랐습니다. 전국 각지에서 시위가 계속되었고 그 규모는 점점 커져 갔지요. 그러자 이승만 정권은 계엄령을 발표해 시민들을 제어하려고 합니다. '치안 확보'라는 이름으로 국민들을 가두고, '경망한 행동'이라는 이름으로 국민들의 시위를 격하시켰지요.

계엄령 선포는 많은 것을 변화시켰습니다. 집회의 해산은 물론이고, 등교도 할 수 없게 만들었지요. 또한 저녁부터 밤, 새벽까지 통행이 금지되었으며, 언론 출판 보도도 사전 검열을 받아야 했습니다.

왜 전태일은
바보회를 만들었을까?

자본가 vs 전태일

　　1960년대 초반만 해도 대한민국의 경제 수준은 세계 최하위에 머물렀습니다. 하지만 수출 주도형 경제 성장을 추진하며 눈부신 경제 발전을 이룩하지요. 하지만 경제 발전의 뒤에는 저임금과 열악한 환경 속에서 고된 노동에 시달려야했던 노동자들이 있었던 것이 사실입니다. 그래서 평화시장 재단사였던 전태일은 근로 기준법을 지켜 줄 것을 요구했으나 철저히 무시를 당합니다. 그는 최후의 수단으로 "우리는 기계가 아니다!"라고 외치며 분신자살을 했고, 이는 우리나라 노동 운동에 불씨가 되었지요. 하지만 자본가들도 할 말이 있다고 합니다. 자신들이 있어서 노동자들은 일자리를 얻었고, 대한민국의 경제는 발전했다고 말이지요. 과연 누구의 말이 맞는지 당시 정치·경제적 상황을 살펴보고 산업화의 과정을 되짚어 봅니다.

(가상의 인물)

나는 동대문 시장에서 의류를 생산하고 판매하는 사업을 한 자본가입니다. 봉제 공장을 운영하며 전태일과 같은 노동자들에게 일자리를 주었지요. 그런데 전태일은 직원들을 선동하여 시위를 벌이고 나를 나쁜 사람을 몰고 가 내 명예에 먹칠을 하였습니다.

(1948년 ~ 1970년)

나는 17살의 어린 나이에 평화시장의 재단사로 일하기 시작한 전태일입니다. 열악한 환경 속에서 중노동을 해야 하는 노동자들의 삶을 바로잡고자 노력하였지요. 자본가들은 우리에게 일자리를 주었다고 거들먹거리지만 우리에게 준 것은 고통과 좌절밖에 없었습니다.

1960년대에는 장면 정부가 수립한 경제 개발 계획을 박정희 정부가 본격적으로 시행하여 경제 성장의 발판이 마련되었다. 박정희 정부는 수출 주도형 경제 정책을 펴 눈부신 경제 성장을 이룩하였다.

1970년 동대문 평화시장에서 재단사로 일하던 전태일의 죽음은 노동 운동의 큰 전환점이 되었다. 이후, 1987년 6월에 일어난 민주 항쟁은 노동 운동과 농민 운동 등의 사회 운동을 크게 활성화하는 계기가 되었다.

중학교	역사(하)	IV. 대한민국의 발전 4. 민주주의의 발전 5. 함께 이룬 경제 성장
고등학교	한국사	IX. 대한민국의 발전과 국제 정세의 변화 3. 산업화와 대중문화의 발달 (7) 노동 문제와 노동 운동

1960년대부터 1970년대에 이룬 고도성장에는 열악한 환경 속에서 피땀 흘린 수많은 노동자의 희생이 깔려 있었다. 이 시기에 전태일은 자신의 몸을 불태워 노동자의 권리를 요구하며 세상을 떠났고, 이후 노동 운동이 활발해졌다.

평화시장 재단사 전태일

전태일은 1948년 대구에서 가난한 노동자의 맏아들로 태어났습니다. 전태일의 부모는 가난한 현실 속에서도 열심히 살았지만 결국. 가난 때문에 서울로 옮기게 되지요. 전태일은 어린 시절 아버지에게 배운 재봉 기술로 청계천 평화시장의 피복점 보조로 일하게 됩니다. 그리고 재단사가 되기까지 자신을 비롯한 많은 노동자들이 적은 월급과 열악한 환경에 시달리는 것을 직접 보고 겪게 되지요.

1968년 전태일은 노동자의 인권을 보호하는 법인 근로 기준법에 대해 알게 됩니다. 그리고 법률로 규정되어 있는 최소한의 권리조차 누리지 못하는 노동자의 현실에 분노하게 되지요. 이듬해 전태일은 노동 운동 조직인 '바보회'를 만들어 평화시장의 노동자들에게 근로 기준법의 내용을 알립니다. 하지만 전태일의 행동은 사장들의 눈 밖에 나는 일이었지요. 결국 전태일은 평화시장을 떠나 공사장에서 막노동을 하며 지

내게 됩니다.

1970년 다시 평화시장으로 돌아온 전태일은 바보회를 발전시킨 조직인 '삼동친목회'를 만듭니다. 그리고 노동자들의 실제 생활을 조사하고 서명을 받아 노동청에 진정서를 제출하는 등 본격적으로 노동 운동을 시작합니다. 이러한 전태일의 노력으로 사람들은 점차 노동자들의 현실에 관심을 갖게 되지요. 하지만 전태일의 노력은 번번이 정부와 자본가에게 부딪혀 큰 결실을 맺지 못합니다.

같은 해 11월, 전태일과 삼동회 회원들은 제 역할을 하지 못하는 근로 기준법을 비판하는 뜻에서 '근로 기준법 화형식'을 하기로 뜻을 모읍니다. 하지만 자본가와 경찰들의 방해로 뜻대로 되지 않자 전태일은 온몸에 석유를 끼얹고 불을 붙이지요. 그리고 "근로 기준법을 준수하라! 우리는 기계가 아니다!"라는 말을 외치고 죽음을 맞이하게 됩니다.

전태일의 죽음은 사회적으로 큰 영향을 미쳤습니다. 각계각층의 사람들이 노동자들의 현실을 제대로 보게 되었고, 본격적으로 노동 운동이 시작된 계기가 된 것입니다.

● 다음 제시문을 읽고 물음에 답하시오.

근로 기준법

• 제50조 2항 사장은 노동자에게 하루에 8시간을 넘겨 일을 시킬 수 없다.

• 제55조 사장은 노동자에게 일주일에 평균 하루 이상의 휴일을 주어야 하고, 그 휴일에도 임금을 줘야 한다.

• 제69조 15세 이상 18세 미만인 청소년은 하루에 7시간을 넘겨 일을 시킬 수 없다.

1 위 내용은 근로 기준법의 일부입니다. 이 내용을 바탕으로 근로 기준법이 지키고자 하는 것이 무엇인지 써 보시오.

● **다음 제시문을 읽고 물음에 답하시오.**

OECD 가입 국가 평균 근로 시간(2011년)

순위	국가명	일주일 근로 시간	일 년 근로 시간	순위	국가명	일주일 근로 시간	일 년 근로 시간
1	한국	44	2,301	11	일본	34	1,772
2	그리스	38	2,120	12	뉴질랜드	34	1,753
3	체코	38	1,992	13	포르투갈	34	1,745
4	헝가리	38	1,988	14	핀란드	33	1,728
5	폴란드	38	1,969	15	캐나다	33	1,727
6	멕시코	36	1,893	16	호주	33	1,721
7	아이슬란드	35	1,807	17	영국	32	1,653
8	이탈리아	35	1,802	18	스위스	32	1,643
9	미국	35	1,792	19	오스트리아	32	1,631
10	슬로바키아	35	1,769	20	스페인	31	1,627

단위: 시간

2 위의 표는 2010년도 1인당 연간 노동 시간을 나라별로 조사한 표입니다. 이 표를 보고, 전태일이 살았던 당시와 비교하여 현재 우리나라의 문제가 무엇인지 쓰시오.

논술
해답

해답 1

　근로 기준법은 사장 즉 사업주가 근로자에게 일을 시킬 때 반드시 지켜야 할 내용을 법으로 정한 것입니다. 한 마디로 근로자를 지켜 주는 법이라고 할 수 있지요. 이렇게 법으로 정한 기준이 없으면 사업주가 무리한 요구를 하더라도 근로자는 따를 수밖에 없는 상황이 생길 수 있습니다. 예를 들어 정해진 노동 시간이 끝난 뒤 잔업을 요구하더라도 사업주의 눈 밖에 나는 것이 무서워 어쩔 수 없이 일을 해야 할 수도 있는 것입니다. 하지만 근로자의 노동 시간과 휴일이 법으로 정해져 있다면 사업주도 멋대로 무리한 일을 시킬 수 없게 됩니다.

전태일이 박정희 대통령에게 보낸 탄원서를 보면 "저희들은 근로 기준법의 혜택을 조금도 못 받으며 굶주림과 어려운 현실을 이기려고 하루에 90원 내지 100원의 급료를 받으며 1일 15시간씩 작업을 합니다"라는 내용이 담겨 있습니다.

전태일이 이러한 내용을 작성한 것은 지금으로부터 40년도 훨씬 전의 일이었지요. 그런데 2010년 1인당 연간 노동 시간을 비교한 표를 보면 대한민국 국민의 1인당 연간 노동 시간은 2193시간으로, 이웃나라 일본과 비교해 보면 400시간 이상 차이가 나고, 30위인 네덜란드와 비교하면 무려 800시간이 넘게 차이가 납니다. 여전히 우리나라의 노동 시간이 세계 어느 나라보다 월등히 높다는 것을 말해 줍니다.

이렇게 오랜 시간 동안 일하면 자연히 다른 부분에 소홀해질 수밖에 없습니다. 개인의 여가나 가족 간의 대화가 부족해져 또 다른 사회 문제를 발생하게 하지요.

왜 5·18 민주화 운동이 일어났을까?

윤상원 vs 전두환

　　1979년 12월 12일, 군대 내 일부 정치화된 집단은 병력을 동원하여 군권을 차지하고 정치적인 실권까지 장악하게 됩니다. 전두환 소장을 비롯한 이들을 '신군부'라고 부르지요. 또다시 독재 정치가 계속될 것을 우려한 시민들은 이를 반대하며 시위를 벌입니다. 이 시위는 광주에서 절정을 이루어 5·18 민주화 운동으로 이어지게 되지요. 하지만 비상계엄을 전국으로 확대한 신군부는 학생과 시민을 대거 체포하고 광주 시민을 폭도로 몰아붙입니다. 이에 계엄군의 총에 맞아 숨을 거둔 윤상원은 희생자 연합회 대표로 법정에 섰습니다. 1980년 5월, 광주에서는 무슨 일이 벌어진 것인지 그날의 진실을 이 책에서 자세히 밝혀볼 수 있습니다.

원고 **윤상원**

(1950년 ~ 1980년)
전라남도 광주에서 태어난 나는 대학을 다닐 때 야학 활동을 하며 노동운동에 눈을 떴지요. 1980년 5·18 민주화 운동 당시 야학 출신들과 함께 운동의 선두에 섰습니다. 항쟁 지도부를 규합하며 대변인으로 활동하다 계엄군의 총에 맞아 사망했습니다.

피고 **전두환**

(1931년 ~)
나는 군인이자 정치가로 12·12군사정변을 일으키는데 주도적인 역할을 하여 대통령에 당선이 된 전두환입니다. 재임기간 중 군부독재라는 비판을 받았는데 당시 상황이 상황인 만큼 이해할 것은 그냥 이해하고 눈 감을 것은 눈 감아야 하는 것 아니겠습니까? 이제 와서 5·18 관련 재판까지……. 참!

1979년의 10·26 사건을 계기로 군대 내의 일부 정치화된 집단은 같은 해 12월 12일 병력을 동원하여 군권을 차지하였고 정치적 실권까지도 장악하기에 이른다. 또다시 독재 정치가 계속될 것을 우려한 시민들은 군인들의 정권 장악 기도에 반대하고 자유 민주주의 체제의 회복을 요구하는 시위를 벌였다. 이 시위는 광주에서 절정을 이루어 5·18 민주화 운동으로 이어지게 된다.

중학교	역사(하)	Ⅳ. 대한민국의 발전 4. 민주주의의 발전

고등학교	한국사	Ⅸ. 대한민국의 발전과 국제 정세의 변화
		    2. 민주주의의 시련과 발전
		        (5) 신군부에 맞선 5·18 민주화 운동

일명 12·12 사태라고 불리는 신군부의 군사 반란이 일어나고 이에 실망한 국민들은 1980년 대학생들을 중심으로 민주화 운동을 전개한다. 유신 철폐와 신군부 퇴진을 요구하는 민주화 운동이 계속되던 1980년, 서울의 시위대가 자진 해산했음에도 불구하고 비상계엄을 전국으로 확대한 신군부는 5월 18일부터 시민의 민주화 시위를 폭력적으로 탄압하였다.

5·18 민주화 운동은 불법적인 권력에 저항한 민주화 운동으로 1980년대 민주화 운동의 밑거름이 되었다.

1980년 봄, 광주의 외침

매년 5월 18일은 뜻깊은 날입니다. 1980년 광주에서 5·18 민주화 운동이 일어난 날이기 때문입니다.

1961년, 군부가 무력으로 국가 권력을 장악한 후 1979년 박정희가 사망하기까지 오랜 군사 독재에서 벗어나게 된 시민들은 들뜬 희망을 품게 됩니다. 제대로 된 민주주의를 실현할 수 있겠다는 꿈을 꾸게 되지요. 하지만 이 꿈이 채 현실로 이루어지기도 전에 전두환, 노태우 등 신군부는 국가 권력을 장악하기 위해 12·12 사태를 일으킵니다.

이러한 사태에 반발하여 재야 인사들은 계엄 해제와 민주화 이행을 주장하였고, 많은 시민과 학생들은 학원의 자율화와 민주화를 요구하였지요. 특히 1980년 5월 10일, 23개 대학 대표로 구성된 전국 총학생 회장단은 거리 시위를 계획합니다. 이에 전두환 중앙정보부장은 북한이 남한을 침략할 조짐이 보인다면서 비상 경계 태세 돌입 명령을 내립니다.

하지만 시민들의 가슴속에 자리잡은 민주화의 열망은 쉽사리 꺼질 수 있는 것이 아니었습니다. 그래서 며칠 뒤인 5월 14일, 광주에서는 대학가와 전남 도청 일

국립 5 · 18 민주 묘지의 추모탑

대에서 거리 시위가 벌어졌지요. 시위대는 '계엄령을 해제하라', '전두환은 물러가라'라는 구호를 외쳤습니다. 이에 계엄군은 5월 18일, 시민과 학생들을 구타하고 연행하기 시작하였습니다. 다음 날 더 많은 계엄군이 광주에 도착했고 시민들을 억압하였습니다. 하지만 시민들의 저항은 심해져 갔습니다. 계엄 당국에 의해 휴교령이 내려졌고, 버스, 화물차, 택시 등으로 구성된 차량 시위대까지 출현하였지요.

이후 1980년 봄 광주는 아수라장이 되었습니다. 민주주의를 꿈꾸는 시민들과 이런 시민의 외침을 무시하는 계엄군 사이에서 격한 충돌이 벌어졌기 때문입니다. 결국 많은 시민들이 시신이 되어 가족들 품으로 돌아갈 수 없게 됩니다. 5 · 18 민주화 운동은 많은 희생자를 내었지만 한국 사회에서 지속적으로 전개된 민주화 운동의 원동력이 되었고, 1987년 6월 민주 항쟁의 밑거름이 되었습니다.

한 걸음 더! 역사 논술

〈역사공화국 한국사법정 59 왜 5·18 민주화 운동이 일어났을까?〉와 관련한 논술 문제를 풀어 봅시다.

● **다음 제시문을 읽고 물음에 답하시오.**

(가) '광주 일원 소요 사태'

　　'전남대생 시위 때 군경과 충돌하며 과격화……무기고 습격'

　　'간첩 용의자 3명, 시민이 잡아 인계'

　　'북괴 도발 대비'

　　'안보적 중대 사태'

(나) '광주 시외 전화 불통, 교통 두절'

　　'시민 대표 협상안'

　　'광주 사태 돌파구 기미'

　　'대책 강구……군경, 민간인 사망'

1 (가)와 (나)는 1980년 당시 일간지들이 다룬 광주 관련 기사의 제목들을 나열한 것입니다. 동일한 사건인 '5 · 18 민주화 운동'을 놓고 보도의 내용은 차이를 보였습니다. 이러한 언론의 시각을 보고 언론의 중요성에 대해 쓰시오.

● **다음 제시문을 읽고 물음에 답하시오.**

    2007년 5월, 5·18기념 재단이 '5·18을 어떤 역사적 사건으로 기억하는가'라는 설문 조사를 전국에 거주하는 만 20세 이상 남녀 1500명을 대상으로 실시한 결과 41.9%가 5·18을 '민주화 운동'으로, 34.2%는 '민중 항쟁'으로 기억한다고 답하였습니다. 하지만 10.2%는 '폭동'으로, 6.7%는 '사태'로 각각 기억하고 있는 것으로 나타났습니다.

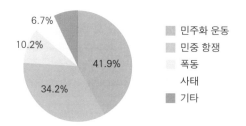

5·18을 어떤 역사적 사건으로 기억하는가

2 위의 내용과 표를 보고 역사적 사건을 보는 시각의 차이가 생길 수밖에 없는 이유에 대한 자신의 생각을 쓰시오.

- -

- -

해답 1

　기사의 제목만 보면 기사의 내용을 짐작하고, 기사를 쓴 시각을 알 수 있습니다. 5·18 민주화 운동이 일어났을 당시 신군부는 언론을 탄압하였고, 광주의 진실이 다른 곳에 알려지지 않기를 바랐습니다. 그래서 일부 언론에서는 신군부의 입장에 서서 (가)와 같이 편파적인 보도를 하기도 했지요. 시위대를 가리켜 '간첩'이나 '북괴'라 지칭하기도 했습니다. 하지만 (나)의 기사 제목을 보면 당시의 상황을 객관적으로 보고 양쪽의 피해 사실을 다루고 있습니다. 그런데 언론이 사실을 제대로 전달해 주지 않으면 언론을 접하는 국민들은 많은 부분을 오해하고 진실을 외면할 수밖에 없습니다. 언론은 진실의 창이 되어야 하는 이유입니다.

　우리가 직접 경험하지 못한 역사를 이해함에 있어서 개개인은 받아들이는 입장이 다를 수밖에 없습니다. 특히 5월 18일부터 27일까지 광주 시민들이 전개한 민주화 항쟁의 경우 한국 현대사 최대의 사건으로 평가받고 있으며 광주 사태·광주 민중 항쟁·광주 민중 봉기 등 여러 이름으로 불렸으나 1988년 이후 5·18 민주화 운동으로 정식화될 정도로 논란이 많기 때문에 더더욱 그러하지요. 그런데 이렇게 시각의 차이가 생기는 데에는 출판, 언론 등도 많은 영향을 미칩니다. 책이나 신문, 방송에서 사용하는 용어, 담고 있는 내용에 따라 사람들이 이를 무비판적으로 받아들일 수 있기 때문입니다.

왜 6월 민주 항쟁이 일어났을까?

최애국 vs 한민주

　　1980년대 중반으로 갈수록 민주화를 요구하는 국민들의 저항은 더욱 거세어졌습니다. 야당과 국민들은 대통령 직선제 개헌을 위해 정부와 강하게 대치하였지요. 한편 '독재 타도와 호헌 철폐'를 외치며 시위를 벌이던 중 대학생 이한열이 경찰이 쏜 최루탄에 맞아 사망하는 일이 발생합니다. 이 사건이 기폭제가 되어 1987년 6월 10일, 전국에서는 40여만 명의 시민들이 모여 저항하게 됩니다. 이를 '6월 항쟁'이라 부르지요. 결국 전두환 정부는 국민의 저항 앞에 굴복하여 6월 29일, 대통령 직선제 개헌을 받아들이는 선언을 발표하게 됩니다. 그런데 이 책에서는 최애국이 원고로, 나민주가 피고로 등장해 제5공화국의 역사에 관해 그 잘잘못을 따지고 있습니다. 이들의 입을 통해 6월 민주 항쟁의 배경과 그 의의, 그리고 이러한 민주화 운동이 우리나라 민주주의 발전에 어떻게 기여했는지를 살펴봅니다.

등장인물
소개

원고 최애국

(가상의 인물)
나는 자랑스러운 대한민국의 군인으로 살 았습니다. 그런데 요즘 사람들은 군인이 정치를 한 시대를 무조건 나쁘게만 보는 것 같아 불만입니다. 당시 혼란했던 시기 를 이겨내기 위해 군인이 정치를 한 것이 뭐가 그리 큰 잘못이란 말입니까?

피고 한민주

(가상의 인물)
나는 민주화 운동에 참여했던 대학생입니 다. 독재를 타도하기 위해 대한민국이 민 주화되기 위해 시위를 하고 항쟁을 한 것 밖에 없어요. 그런데 왜 이런 재판이 있어 야 하는지, 5공에 대한 역사적 평가에 무 슨 문제가 있다는 것인지 이해가 가지 않 아요.

1980년대 말, 수출 환경의 악화로 경제 사정이 어려워지자 많은 노력이 계속되었지만 소득 분배의 불평등 등 여러 폐단이 나타났다.

중학교	역사(하)	IV. 대한민국의 발전 　4. 민주주의의 발전 　5. 함께 이룬 경제 성장
고등학교	한국사	IX. 대한민국의 발전과 국제 정세의 변화 　2. 민주주의의 시련과 발전 　　2-6 6월 민주 항쟁, 민주주의가 승리하다

민주화의 요구가 커지자 정부는 시위를 강경 진압하고 그러던 중 박종철 학생이 조사를 받다가 사망하였다. 이에 분노한 학생과 시민이 들고일어나자 결국 전두환 정부는 국민의 요구를 받아들여 노태우 대통령 후보를 통해 대통령 직선제를 수용한다는 6·29 민주화 선언을 발표하였다.

민주화 운동과 6월 항쟁

　박정희 대통령이 죽은 뒤 어수선한 틈을 타 1979년 12월 12일, 전두환을 비롯한 신군부 세력이 정권을 잡게 됩니다. 전두환 정권의 집권 이후, 학생과 시민들은 민주주의를 쟁취하기 위해 민주화 운동을 벌입니다. 하지만 전두환 정권은 이를 강경하게 탄압하고 정권을 지키기 위한 일들을 계속합니다.

　그러던 1987년 1월, 당시 서울대 학생이었던 박종철이 치안본부 대공 수사단에 연행돼 조사받던 중 사망하는 사건이 일어나게 되지요. 이 일을 계기로 시위가 전국적으로 확대됩니다.

　1987년 4월 13일, 전두환 대통령은 국민들의 이런 마음을 무시한 채 자신의 정권에 위협이 되는 개헌 논의를 중지할 것 등을 핵심 내용으로 하는 '4·13 호헌 조치'를 발표하였습니다. 이러한 불법적인 행동을 시민들은 가만히 보고 있을 수만은 없었습니다.

게다가 5월 18일 천주교정의구현 사제단에 의해 박종철의 죽음이 고문에 의한 것이었고, 이를 은폐하려고 조작했다는 것이 밝혀졌습니다. 또한 6월 9일 연세대생이었던 이한열이 시위 과정에서 머리에 최루탄을 맞고 의식 불명이 된 것이 알려지면서 학생들은 물론 문화계, 종교계 등 많은 시민들이 들고일어나게 됩니다. 6월 15일까지 명동 성당 농성 투쟁이 전개되고, 18일 최루탄

6월 민주 항쟁이 있었던 명동 성당

추방 대회가 열리고, 26일 민주 헌법 쟁취 대행진이 열리는 등 20여 일간 전국에서 500여만 명이 참여하는 거리 집회와 시위가 계속되었지요.

결국 6월 29일 노태우 민정당 대표위원이 대통령 직선제 개헌 내용을 담은 '시국 수습 특별 선언'을 발표하면서 6월 민주 항쟁은 끝났습니다.

6월 항쟁이 일어난 6월 10일은 일제 강점기인 1926년 독립운동가들과 학생들이 주축이 되어 벌인 6·10 만세 운동이 일어난 날이기도 해 더욱 의미가 깊습니다.

〈역사공화국 한국사법정 60 왜 6월 민주 항쟁이 일어났을까?〉와 관련한 논술 문제를 풀어 봅시다.

● **다음 제시문을 읽고 물음에 답하시오.**

(가) 6월 항쟁 과정에서의 희생도 적지 않았다. 교내 시위 도중 경찰의 직격 최루탄을 머리에 맞아 27일 만에 사망한 연세대 이한열 군의 비보는 국민의 분노를 자극시켜 최루탄 추방 캠페인과 추방대회로 승화됐고 많은 국민들의 지지를 받았다.

많은 희생 끝에 이룩된 6월 항쟁의 결과 '6·29 선언'에 이은 절차를 거쳐 12월 16일 대통령 직선에서 노태우 민정당 후보가 차기 대통령으로 당선됐다.

– 〈동아일보〉 1987.12.26 –

(나) 4월 11일 마산에서 김주열 학생 시신이 발견된 게 도화선이 되었

다. 서울 지역 총학생회 간에 물밑 논의를 통해 19일 오전 9시 일제히 경무대와 중앙청 앞에 집결하는 것으로 행동 지침을 정했다. 서울 서부 지역에서는 홍익대와 연세대가 시위를 주도했다. 경무대 앞에는 대학생만 2만여 명을 헤아릴 만큼 엄청난 군중이 몰렸다. 여기에 경찰이 무차별 총격을 가하면서 많은 희생자가 났다.

– 〈한국일보〉 2010.1.10 –

1 (가)와 (나)는 각각 6월 민주 항쟁과 4·19 혁명에 관한 내용을 담은 신문 기사입니다. (가)와 (나)를 보고 6월 민주 항쟁과 4·19 혁명의 공통점에 대해 쓰시오.

● 다음 제시문을 읽고 물음에 답하시오.

민서 지원아, 너 혹시 6월 민주 항쟁이라고 들어 봤니?

지원 6월 민주 항쟁? 그게 뭐야?

민서 대통령이 자기 권력을 계속 유지하려고 해서 국민들이 들고 일어난 일이래. 1987년 6월에 일어났다고 6월 민주 항쟁이라 부른대.

지원 들고일어나? 어떻게?

민서 음, 다 같이 거리로 나가서 정부의 잘못을 큰 소리로 소리치고 시위도 하고…….

지원 시위?

민서 응, 많은 사람이 공공연하게 의사를 표시하여 집회나 행진을 하며 위력을 나타내는 일을 말해.

지원 텔레비전에서 본 적 있는 것 같아. 그러면서 서로 다치기도 하고 그러잖아.

민서 그렇지. 시위를 하려는 사람이랑 그걸 진압하려는 사람이랑 실랑이가 있을 수 있으니까.

지원 그럼, 그건 좀 아닌 것 같아. 6월 민주 항쟁도 그런 시위였다면 실망이야.

민서 어떤 점이?

지원 잘못된 것을 고치려고 하는 건 좋아. 그런데 꼭 그렇게 과격한 방법을 써야 할까?

민서 모든 시위가 과격한 건 아니야. 정부가 요구를 들어주지 않으니까……

지원 그러니까 말이야. 하다 보면 몸싸움도 생길 수 있고 사람이 다칠 수도 있는데 꼭 그렇게 해야 하는 걸까?

민서 그럼 정권이 잘못하는 것을 그냥 보고만 있어야 해?

지원 그냥 보고 있을 수만은 없지. 하지만 그렇다고 해서 서로 피를 흘릴 필요는 없지 않을까? 외국에 우리나라의 상황을 알리고 도움을 달라고 요청을 할 수도 있고, 서명 운동을 하는 방법도 있겠지.

2 위의 대화를 읽고, 민서와 지원이 중 한 명의 입장을 선택해 자신의 주장을 쓰시오.

해답 1

4·19 혁명은 1960년에 있었던 항쟁으로 자유당 정권이 이기붕을 부통령으로 당선시키기 위해 부정 선거를 저질러 이에 반발한 학생들을 중심으로 일어난 시위입니다.

한편 6월 민주 항쟁은 1987년 전두환 정권이 국민들의 민주화 열망을 억누르고 군사 정권이 장기 집권하려고 하자 이를 저지하기 위해 일어난 범국민적 민주화 운동입니다.

4·19 혁명과 6월 민주 항쟁은 시기도 다르고 일어난 배경도 다르지만 많은 공통점이 있습니다. 첫 번째, 민주화 운동이었다는 점을 꼽을 수 있습니다. 국민들의 민주화 열의를 무시한 정권에 대항해 일어났던 민주화 운동이었지요. 두 번째는 학생들의 희생이 국민들에게 자극을 주었다는 점입니다. 4·19 혁명은 김주열 학생의 시신이 발견된 것이, 6월 민주 항쟁은 이한열 군이 최루탄에 맞은 것이 국민에게 큰 자극이 되었

지요. 세 번째 공통점으로 많은 희생이 뒤따랐다는 점을 꼽을 수 있습니다. 많은 국민들이 들고일어난 데다가 정부가 무력을 사용해 강경 진압을 했기 때문에 그 만큼 희생도 컸지요.

해답 2

지원아, 너의 말도 맞아. 피를 흘리지 않고 평화적인 방법으로 문제를 해결할 수 있다면 그보다 좋은 것도 없겠지. 하지만 시대적 상황을 생각하지 않고 당시의 사건을 이해할 수는 없는 법이야. 1980년대는 지금처럼 인터넷이나 통신 매체가 발달된 시대가 아니었어. 그래서 외국에 연락을 하거나 서로 의견을 주고받으려면 시간이 많이 걸렸지. 그래서 공통된 의사를 표시하기 위해서는 어쩔 수 없이 시위라는 형태가 필요했던 거야.

역사공화국 한국사법정 논술 노트 3

© 편집부 엮음, 2013

초판 1쇄 인쇄 2013년 2월 25일
초판 1쇄 발행 2013년 3월 14일

펴낸이	강병철
주간	정은영
편집	이여홍
디자인	배현정 김희숙 이영민
마케팅	장성준 박제연 전연교 최은석
E-사업부	정의범 김혜연

펴낸곳	(주)자음과모음
출판등록	2001년 11월 28일 제313-2001-259호
주소	121-840 서울시 마포구 서교동 396-33번지
전화	편집부 (02) 324-2347 경영지원부 (02) 325-6047
팩스	편집부 (02) 324-2348 경영지원부 (02) 2648-1311
이메일	soseries@jamobook.com
독자카페	cafe.naver.com/jamoedu
홈페이지	www.jamo21.net

ISBN 978-89-544-2852-1 (44900)
　　　978-89-544-2855-2 (set)